U0935600

译林英语教育实践丛书

高中英语课堂美学实践探索

Exploring the Aesthetic Practice in English Classes

陈晓云 著

译林出版社

图书在版编目(CIP)数据

高中英语课堂美学实践探索 / 陈晓云著. — 南京:译林出版社, 2018.10
(译林英语教育实践丛书)
ISBN 978-7-5447-7558-8

Ⅰ.①高… Ⅱ.①陈… Ⅲ.①英语课 - 课堂教学 - 教学研究 - 高中 Ⅳ.①G633.412

中国版本图书馆CIP数据核字(2018)第239700号

高中英语课堂美学实践探索　陈晓云 / 著

责任编辑　谭小凤
装帧设计　韦　枫
校　　对　朱静亚　蒋　燕　高睿君　张　念
责任印制　颜　亮

出版发行　译林出版社
地　　址　南京市湖南路1号A楼
邮　　箱　jiaocai@yilin.com
网　　址　www.yilin.com, edu.yilin.com
编辑热线　025-83658349, 83672889
排　　版　南京展望文化发展有限公司
印　　刷　江苏凤凰通达印刷有限公司
开　　本　787毫米 ×1092毫米 1/16
印　　张　16.75
版　　次　2018年10月第1版　2018年10月第1次印刷
书　　号　ISBN 978-7-5447-7558-8
定　　价　48.00元

序

子问从事英语教育40年，从未真正思考过英语课堂是否是美的、为什么应是美的、如何营造英语课堂之美，直到与陈晓云老师深度探讨英语课堂，这才恍然发现英语课堂应该是美的、可以是美的，而且知晓了可以如何营造英语课堂之美。所以，得知陈晓云老师撰写的《高中英语课堂美学实践探索》一书即将出版，子问欣然主动提出为之写序。

基于陈老师的探索，反思子问自己的英语课堂，的确可以发现其中不缺乏审美体验，而且课堂成效越高的课例中，自己与学生的审美体验越是丰富、深刻。这说明英语课堂的审美体验，是提升英语课堂成效的重要因素（陈老师所执教的学生能取得非常优秀的英语成绩便是一种证明），这应该也是《普通高中英语课程标准（2017年版）》提出要发展学生审美情趣，感知英语的语言美、意蕴美的重要原因。

阅读陈老师书稿之时，子问将自己与陈老师的课堂和探索进行了比较与反思，这才发现，原来陈老师与子问的课堂和探索有着很多的不同。在她的微信分享中经常看到鲜花与瑜伽，听到古筝演奏，欣赏到画论与诗评等。显然，陈老师有着对美的执着追求，并将这种追求付诸自己的课堂与生活。正是这种追求，使陈老师有了对英语课堂之美的思考与探索。所以，子问自己对美的追求不足，是子问的课堂缺少陈老师那种英语课堂之美的重要原因。

正如前述，英语课堂的审美体验有助于提升英语课堂成效，陈老师的英语课堂成效非常显著，不仅大部分学生高考英语成绩非常优秀，而且学生大多喜欢上英语课、喜欢学习英语，不同于那种常见的学生英语成绩好但不喜欢学习英语，或者不喜欢上英语课的现象。子问想，上述现象存在的主要原因应该是目前大多数的高中英语课堂审美偏少或偏弱。

正是基于此，子问赞同陈老师对营造英语课堂之美的实践与探索，希望更多的中小学英语课堂成为美的课堂，更多的英语老师为我们的学生营造英语课堂之美，这样不仅可以帮助学生学好英语，更能给学生带来丰富、深刻的审美体验，使学生在审美体验中学习英语。如此美哉，当乐而为！

鲁子问

（博士，教授，博士生导师，国家《英语课程标准》专家组专家，

兴义民族师范学院中国民族师范教育研究中心主任）

2018年1月于美丽的万峰林

目 录

绪　论

英语课堂之美的内涵与构成

人，生存于天地之间，所追求的无非是真、善、美。教育以传授知识之真为基础，以养育天良之善为目标，也需要营造身心愉悦之美，而且身心愉悦之美本身是传授知识之真、养育天良之善的基础。英语教育亦如此。遗憾的是，迄今的英语教育理论与英语教育实践，对如何传授英语知识探讨很多，对如何养育天良之善、如何营造身心愉悦之美的探讨，在数量和质量、深度和广度上，远不如知识传授的探讨，这既是英语教育长期被工具化的结果，也是因为英语课堂认知发展尚在逐步扩展阶段。

对于英语课堂之美的探索属于课堂美学，课堂美学属于教学美学，教学美学属于教育美学，教育美学属于应用美学，应用美学属于美学。

自古以来，教育思想家都关注教育的审美价值与功能。西方古代思想家、教育家柏拉图很早就提出，音乐的“节奏和乐调有最强烈的力量浸入心灵深处，如果教育的方式适合，它们就会拿美来浸润心灵，使它也就因此而美化”。中国古代思想家、教育家孔子认为“兴于诗，立于礼，成于乐”；荀子也指出：“夫声乐之入人也深，其化人也速，故先王谨为之文。……乐者，圣人之所乐也，而可以善民心，其感人深，其移风易俗，故先王导之以礼乐而民和睦。”[1]进入近现代，美育思想逐渐系统化。席勒（Johann Christoph Friedrich von Schiller）从哲学的视角对教育之美进行了深入探索，杜威（John Dewey）等现代教育思想家更是开始明确探讨教育美学，艾斯纳（Elliot Wayne Eisner）等教育家对此进行了系统探讨，甚至福柯（Michel Foucault）等哲学家也对教育美学展开了诸多探讨。迄今为止国外学者已对此有大量研究，如德纳奇（Olga Denac）在“学校教育中美育的意义与角色”中所展开的讨论与总结[2]。

教育美学在我国自20世纪80年代以来一直有不少学者进行深度研究，何齐宗教授的《中国教育美学研究三十年：回顾与反思》[3]对此进行了系统总结，李如密教授也在《国内外教学美学研究状况及存在问题》[4]一文中对教学美学的研究进行了系统总结，关于教育美学的学术著作也有数十部，如叶学良的《教育美学》（四川人民出版社1989年出版），何齐宗的《教育美学》（重庆出版社1995年出版），郑钢、杨新援的《教育美学论稿》（湖南教育出版社1996年出版），彭文晓的《教育美学散论》（华中科技大学出版社2009年出版），以及周继尧等的《课堂美学初探》（四川教育出版社1988年出版），钟以俊、焦凤君的《教学美学导论》（广西教育出版社1991年出版），张相轮、钱振勤的《教学美学》（江苏教育出版社1998年出版），等等。现在课程美学、教学美学也进入博士论文、硕士论文选题，相应成果已经出现。然而，课堂美学，尤其是英语课堂美学依然在建设之中，虽已有少量基于接受美学的课堂分析研究，但这并不是课堂美学的建构，英语课堂美学的实践更是有待探索，这也是本书试图尝试之处。

---

1 郑钢，杨新援．教育美学论稿 [M]．长沙：湖南教育出版社．1996.

2 Denac, Olga. The Significance and Role of Aesthetic Education in Schooling [J]. *Creative Education*. 2014(05).

3 何齐宗．中国教育美学研究三十年：回顾与反思 [J]．教育研究．2014(09).

4 李如密．国内外教学美学研究状况及存在问题 [J]．教育学术月刊．2008(01).

一、英语课堂之美的内涵

高中课堂为何需要营造课堂之美？《中国学生发展核心素养》明确规定了“审美情趣”这一内容作为“人文底蕴”核心素养的三项要点之一，并明确规定了其基本要求。

以下是《中国学生发展核心素养》对“人文底蕴”核心素养的规定：

表0–1
《中国学生发展核心素养》对“人文底蕴”核心素养的规定

核心素养	基本要点	主要表现描述
人文底蕴	人文积淀	具有古今中外人文领域基础知识和成果的积累；能理解和掌握人文思想中所蕴含的认知方法和实践方法等。
	人文情怀	具有以人为本的意识，尊重、维护人的尊严和价值；能关切人的生存、发展和幸福等。
	审美情趣	具有艺术知识、技能和方法的积累；能理解和尊重文化艺术的多样性，具有发现、感知、欣赏、评价美的意识和基本能力；具有健康的审美价值取向；具有艺术表达和创意表现的兴趣和意识，能在生活中拓展和升华美等。

显然，审美情趣是中国学生核心素养非常重要的组成部分，我国各阶段教育的课堂皆应为发展学生审美情趣而营造课堂之美，高中各学科课堂亦应如此，高中英语课堂亦然，《普通高中英语课程标准（2017年版）》对英语课堂明确提出营造课堂之美的要求。

《普通高中英语课程标准（2017年版）》在前言就开宗明义地指出英语课程标准的政策依据：党的十九大明确提出，要全面贯彻党的教育方针，落实立德树人根本任务，发展素质教育，推进教育公平，培养德智体美全面发展的社会主义建设者和接班人[1]。这是英语教育的政策基础，是党和国家对教育，包括英语教育的总体要

1 教育部. 普通高中英语课程标准（2017年版）[Z]. 北京：人民教育出版社. 2018. 本书《普通高中英语课程标准（2017年版）》引文皆同此。

求,“美”赫然列于其中。

《普通高中英语课程标准(2017年版)》在课程性质中明确提出:普通高中英语课程同时还应帮助学生树立人类命运共同体意识和多元文化意识,形成开放包容的态度,发展健康的审美情趣和良好的鉴赏能力,加深对祖国文化的理解,增强爱国情怀,坚定文化自信,树立正确的世界观、人生观和价值观,为学生未来参与知识创新和科技创新,更好地适应世界多极化、经济全球化和社会信息化奠定基础。“发展健康的审美情趣和良好的鉴赏能力”,显然要求英语课程具有课堂之美。

《普通高中英语课程标准(2017年版)》还在其他部分,明确提出英语课堂之美的具体要求。在语篇类型部分,明确要求:通过学习语篇所承载的文化和价值观等具有深刻内涵的内容,使学生学会欣赏语言和多模态语篇的意义和美感,丰富生活经历,体验不同情感,树立正确的世界观、人生观和价值观;通过阅读学习语言和人文、科学知识,通过阅读发展思维,提高审美、鉴赏和评价的能力。在文化知识部分,明确指出:文化知识涵盖物质和精神两个方面。物质方面主要包括饮食、服饰、建筑、交通等,以及相关的发明与创造;精神方面主要包括哲学、科学、教育、历史、文学、艺术,也包括价值观念、道德修养、审美情趣、社会规约和风俗习惯等。在文化知识的具体内容中,明确要求学生:必修阶段要在学习活动中初步感知和体验英语语言的美;选择性必修阶段要在学习活动中理解和欣赏英语语言表达形式(如韵律等)的美,而且能理解和欣赏部分英语优秀文学作品(戏剧、诗歌、小说等),从作品的意蕴美中获得积极的人生态度和价值观念启示;在选修阶段则要在学习活动中观察和赏析语篇包含的审美元素(形式、意蕴等),获得审美体验,形成对语言和事物的审美感知能力。在学业质量部分,再次明确要求:理解和欣赏经典演讲、文学名著、名人传记、电影、电视等,分析评价语篇所包含的审美元素。在教学建议部分也多次明确提出营造课堂之美的要求，如要求引导学生更深刻地体会语言的魅力，欣赏文化和语言的美妙。在评价建议部分也要求通过评价引导学生树立正确的价值观和审美观。在文化意识的分级目标中分别提出不同级别的审美要求，一级目标是能感知所学内容的语言美和意蕴美，二级目标是能理解和欣赏所学内容的语言美和意蕴美，三级目标是能汲取优秀文化，具有正确的价值观、健康的审美情趣和道德情感。

由此可知，《普通高中英语课程标准（2017年版）》要求英语课程与教学需要把握英语课堂之美，而且有明确的级别要求和发展建议。探讨如何把握英语课堂之美，首先需要把握英语课堂之美的内涵，而这需要从把握美的内涵开始。对于什么是美，有着各种说法，如"美是形式""美是理念""美是典型""美是关系""美是生活""美是自由""美是主观的""美是客观的""美是主客观的统一"等，其实都只是从不同视角审视美而已，也就是说，我们可以从不同视角对美进行审视，或者说，从不同视角我们都能发现美。

基于已有的美学认知，我们从英语课堂这一视角，在本书中将英语课堂之美理解为"在英语课堂上，师生的主观世界与能引发师生美感的客观事物与现象的互动建构，并引发师生发生身心愉悦等审美体验，从而实现英语课堂目标"。也就是说，课堂之美是一种师生的主观世界与课堂的客观世界的互动建构，而这种建构引发师生的审美体验。这一理解具有以下特性：

第一，这一理解认为美是主观世界与客观世界的一种互动建构。美不是单纯的个人主观感受，而是主观与客观之间的活动，这种活动是一种互动，表现为对"美"的建构，而且只是主观世界与客观世界的互动建构形式的一种，不是其全部。

第二，这一理解认为这种主观世界与客观世界的互动建构，引发主观世界的审美体验。美本身的最终形态是主观世界对客观世界的审美体验，而不是单纯的客观存在，这种体验是一种主观世界的经验。

第三，这一理解认为审美体验包括身心愉悦等，说明不单是身体愉悦，也不只是心灵愉悦，而是身心一体的愉悦。同时，审美体验不仅仅有身心愉悦，还有其他体验，如观看《梁山伯与祝英台》而形成的悲伤体验，看《最后的晚餐》而形成的对背叛的愤怒体验，看《拉奥孔》而形成的对死亡的抗拒体验，等等。审美体验主要或更多是积极的愉悦，如对崇高、优美、幸福、喜剧的审美体验，当然也有对悲剧、荒诞、丑陋、残暴的审美体验。

第四，这一理解认为英语课堂之美作为主观世界对客观事物与现象的反映，不只是教师的主观世界的反映，而是师生的主观世界的反映，这既包括师生各自的主观世界，也包括师生共同的主观世界，还包括师生互动过程中建构出的新的主观世界，尤其是教师作为教育者，通过经验世界的分享，引导学生建构起的新的主观世界。没有教师，只有学生，或没有学生，只有教师，这样的课堂都不是完整的课堂；没有师生互动建构，只有教师或学生的单向活动，这样的课堂也不是当下意义的课堂。所以，从本质上说，英语课堂之美是师生共同的课堂之美，是师生互动建构形成的课堂之美。当然，师生的主观世界也受社会其他主观世界的影响，不过，我们在此聚焦于课堂，对社会影响不单独考察，而是纳入师生主观世界之中进行观照。

第五，这一理解认为英语课堂之美的客观世界不是教师的客观世界，还包括学生的客观世界，以及课堂独立存在的客观世界，如教材。教师的客观世界可能与学生的客观世界有很大部分的交叉，但也因为各种原因会出现师生不同的客观世界，这一现象在高中阶段尤其突出，因为高中学生正在了解由他们非常熟知的大量学科知识带来的客观世界，如物理课带来的量子世界，化学课带来的化学反应微观世界，生物课带来的微生物世界，甚至政治课带来的观念世界，等等，都可能是教师现在已经忘却、不再熟悉的客观世界。可以说，高中学生对客观世界的认知，远比高中学科教师广泛，甚至可能比学科教师深刻。客观世界还包括教材、学习材料、课外读物、夏令营、国外游学等所呈现的客观世界。

第六，这一理解认为营造英语课堂之美的目的不在于形成师生的审美体验，而在于通过审美体验，尤其是身心愉悦，实现英语课堂的目标。课堂美的体验与艺术美等常见审美体验有很大不同。我们欣赏音乐，目的就是形成对音乐之美的审美体验；我们欣赏画作，目的也是形成对画作之美的审美体验。而我们欣赏课堂之美，不是为了形成对课堂之美的审美体验，而是通过审美体验实现英语课堂的目标。在核心素养时代，英语课堂的目标应该是发展学生的英语学科核心素养，即语言能力、文化意识、思维品质以及学习能力。当然，若有可能，英语课堂也应该发展英语学科核心素养之外的中国学生核心素养，比如审美情趣。作为学生核心素养的审美情趣是指学生在艺术领域学习、体验、表达等方面发展的综合表现，包括两个领域：一是感悟鉴赏，重点是学习艺术知识、技能与方法，具有发现、感知、欣赏、评价美的意识和基本能力，具有健康的审美价值取向，懂得珍惜美好事物，等等；二是创意表达，重点是具有艺术表达和创意表现的兴趣和意识，具有生成和创造美的能力，能在生活中拓展和升华美，提升生活品质，等等。营造英语课堂之美的目标，除了发展学生英语学科的核心素养之外，也应着力于发展学生的审美情趣等相关核心素养。

我们需要基于以上六方面内涵来理解和营造英语课堂之美。

二、英语课堂之美的构成

英语课堂美学属于教学美学，教学美学属于教育美学，根据李泽厚的观点，教育美学是与文艺美学等传统美学领域并列为实用美学下的重要分支，如下图[1]。

李泽厚认为，教育美学包含德、智、体三育中的美学问题和艺术教育问题两大方面。不过更深入的教育美学研究告诉我们，教

1 李泽厚. 美学四讲 [M]. 北京：生活 · 读书 · 新知三联书店. 1989.

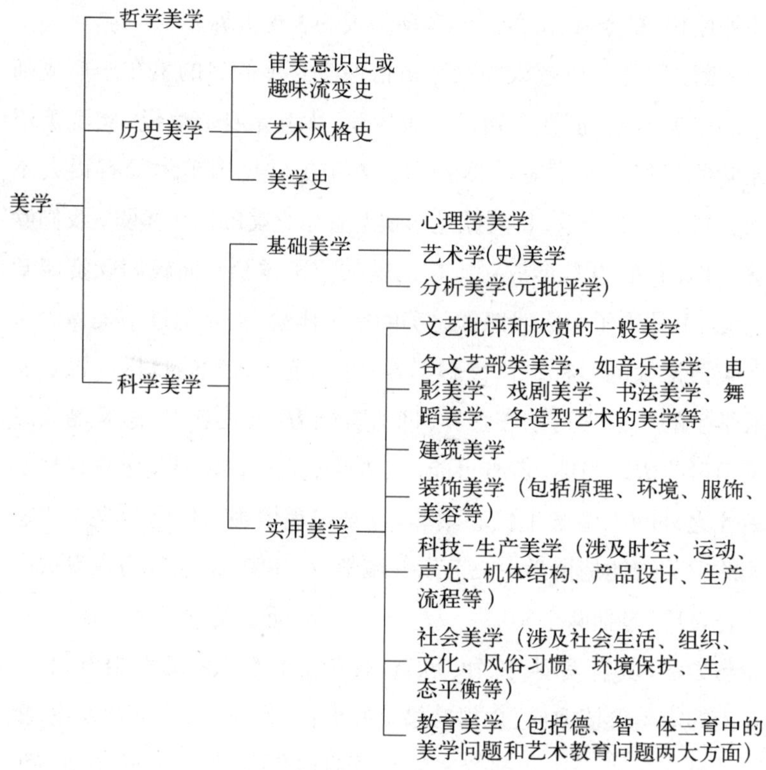

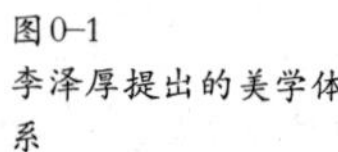
图0-1 李泽厚提出的美学体系

育之美在形态上包括教育主体美(含教师美和学生美)、教育环境美、教育内容美、教育活动美(教育艺术)、教育成果(产品)美等方面，或者教育教学美、教育管理美、课程美、评价美等。不过，这些也都可以归入德、智、体之中。显然，这也只是因为从不同视角审视教育之美的结果。

课堂之美基础是课堂，美是形态，课是实质。英语课堂核心在课堂，而不在英语，而课堂核心在课，而不在堂。因此，英语课堂不仅仅在于教室这个物质的厅堂，而在于课所在之处，只要课在，课堂就在，课在哪里，课堂就在哪里，无论教授什么内容，都可以成为课堂。基于教育美学、教学美学、课程美学对教育之美的研究以及对课堂的以上理解，我们认为，从内容视角来看，英语课堂之美应该具有以下基本结构：

图 0–2
英语课堂之美的内容构成

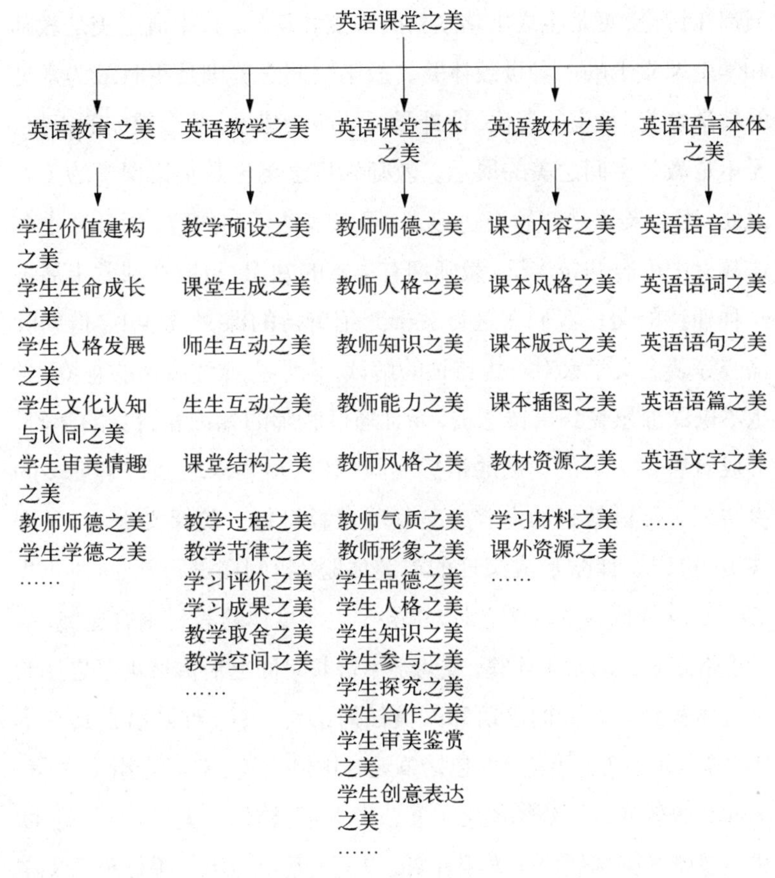

由此可知，英语课堂之美领域非常广泛，可以从很多视角进行审视和体验。比如学生学德之美，尽管这是我们在此处为对应教师师德而生造的一个词，但我们的确发现学生的好学之德具有一种非常别致的价值美，不仅促进学生自己学习，而且深刻影响着周围同学，也促使教师更精于教学。课堂生成之美是课堂最常见、最能真正引发审美体验的课堂现象。在我们的课堂上，学生经常在教师引导下生成出教师预设之外的新观点和新认知，而且学生之间相互讨论，甚至辩论或争论，一直到课后还在继续，甚至连续几

1 师德之美也属于英语课堂主体教师之美，因为我们可以从多个视角审视、营造英语课堂之美，此图也在多个视角出现同一审美现象，以作为案例说明审美的多视角特性。

天都在讨论，更是生成出诸多新的观点和认知，其生成之美是教师和学生课堂上的一种极致体验。教学空间之美则是平时最为常见的教学之美，教室的美化、课外学习场所的建设，甚至校园的板报，无不是教学空间之美的展示。教师知识之美也是英语课堂的美妙之处，因为英语是一种表达形式，可以表达任何内容，而且高中英语教材中内容非常广泛，教师拥有丰富的知识，可以在课堂上展现一种独特的美。我们在进行关于介绍唐诗的课文教学中，借助叶嘉莹等著名文学家对于古诗词的解读，向学生介绍唐诗的意境，学生不仅深深感受到唐诗之美，而且通过教师的知识和自身的学习，形成对唐诗之美的全新的情感体验，在课后要求教师讲解更多的古诗词。英语教材的内容之美体现在教材每一篇课文之中，发现其美，可以在课堂形成深度的审美体验，我们在进行*Pygmalion*或*King Lear*等课文的教学之时，引导学生深度体验教材内容之美，给学生带来长久的审美体验，成为学生很长时间之后依然难以忘怀的审美体验经历。如同汉语和人类任何语言一样，英语语言具有本体之美，如英语语音之美（包括单元音饱满之美、双元音滑变之美、mouths等辅音塞堵到畅流之美）、节奏之美、韵律之美、语调之美、演讲与戏剧的抑扬顿挫和语流音变之美等，甚至写出一手好英语文字之美也是非常有价值的英语语言本体之美的体验。

尽管笔者在此尝试提出自己理解的英语课堂之美的构成，但建立英语课堂美学体系并非本书目的，也非笔者所能。作为一线教师，笔者在此只是基于英语课堂实践就英语课堂之美进行一些探索。英语课堂之美甚多，限于本书篇幅和笔者有限的实践和思考，本书着力探讨八种英语课堂之美：价值建构之美（品格之美）、成长之美、人格发展之美、文化认知与认同之美（其中的文学美）、韵律之美、结构之美、过程之美（其中的变化之美）、课堂取舍之美（其中的留白之美）。

需要特别指出的是，营造英语课堂之美，要求教师有一颗追求美的心、一双发现美的眼睛、一双创造美的手、一具展示美的身体。

为了营造美的课堂，我们需要坚持对美的追求，比如坚持扦插花枝，坚持弹奏古筝，坚持练习瑜伽，坚持欣赏音乐与画作，坚持观赏话剧与电影，坚持阅读与思考，坚持旅行，坚持创作，当然更需要坚持对课堂之美的不懈追求。这份对美的执着，必将给我们营造美的英语课堂带来契机。

课堂之美行于实践，成于反思，我们不仅要坚持对课堂之美的不懈追求，更要坚持从课堂之美的视角对课堂实践不断进行反思，探讨课堂之美的形态、肇启、赓续、灿烂，这样才能真正形成课堂之美。以下便是笔者对于课堂之美随思随记的10段文字，正是这些反思，推动了我们对课堂之美的探索。

1. 全与粹。荀子说："不全不粹不足以谓之美。"艺术既要极丰富全面地表现生活和自然，又要去粗存精，提高集中，更典型、更具普遍性地表现生活和自然。全和粹要辩证地结合统一，才能形成艺术的美。教学也是如此，教师的备课素材要尽可能丰富全面，然后结合教学目标和学生情况萃取典型材料和内容呈现在课堂。切不能追求面面俱到，看似四面开花，实则大而无当。教学当如名家画龙，虽只在云端中露出一鳞一爪，却使全体宛然可见。

2. 空与实。中国艺术讲究留白，书法要"计白当黑"，无笔墨处也有妙境。如八大山人画一条生动的鱼在纸上，别无他物，却令人感到满幅是水；齐白石只在纸上画一枯枝横出，枝上站立一鸟，却能令人感到环绕这鸟的是一望无垠的空间，和天际群星相接应。无空之实，实则溢满而呆滞，空实互托，才能产生气韵。课堂也如此，不能追求所谓的大容量而进行满堂灌或是满堂动，课堂需要有学生思考的时间和空间，这种思考看似"冷场"，实则流动着智慧的气韵，是学习真正发生的保障。

3. 虚与实。化景物为情思，化实为虚，是一种艺术创造。若诗歌只停留在写景，绘画只停留在状物，则意味全无，寡淡无味。"采菊东篱下"是实，"悠然见南山"则为虚，虚提高了实的境界。同样，课堂也不能只停留在知识和技能的学习训练，教师还要善于帮助学生化有形的知识和技能为无形的能力和素养，这也是教师创造力的表现。

4. 错彩镂金与出水芙蓉。中国美学上有两种不同的美的理想，一是错彩镂金，雕缋满目。比如楚辞汉赋、六朝骈文、明清瓷器，这是一种美；二是初发芙蓉，自然可爱，如汉代陶器、陶潜的诗、宋代的白瓷，这是另一种美。这两种美应该“相济有关”，美才能有深度。现如今信息技术的运用可以令课堂美轮美奂，甚至花里胡哨，然而这都不是教学的本质要求，一书一粉笔一黑板，朴素无华，也同样可以创造出精彩的课堂。

5. 形式与思想。艺术要感人，要靠内容，也要依靠形式，艺术创造中要有形象的创造。所谓形象就是形式与内容的统一。希腊庙宇借助符合数学比例的基本结构，表达匀称、凝重、静穆的形式美；诗歌借助音乐般有韵律的语言，表达高远的意趣；宋画借助笔墨淡雅，表达心灵的幽深。课堂教学也应如此，内容和形式要统一，形式要能服务于内容，多媒体的手段要服务于教学目的，不能为用而用，为热闹而用。课堂上是教师讲授还是学生合作探究，也当细细考量内容和形式的适切性，不可片面追求课堂场面的好看热烈。

6. 美从何来？美不在远方，也不是只依靠外界的事物，内心有美，有发现美的眼睛，美就在身边，就在内心。一朵小花或一个小事物，都可以有美的发现。所以，追求美，不必“道在迩而求诸远”。教学教育也是，课堂的点点滴滴，学生的各种平凡小事，都可蕴含着教育的契机，关键在于教师有教育的诗心，有教育的情怀。研究我们自己的课堂，研究我们的学生，也可沉淀教育的智慧。

7. 气韵。建筑、雕塑、诗歌、书法等，要能打动人，都必须有气韵。气韵者，文学或艺术上独特的风格；文章或书法绘画的意境或韵味。好的课堂，也必须有气韵贯穿始终。这种气韵来自师生双方的精神面貌，来自师生、生生的良好互动。课堂有气韵才能生机勃发，兴趣盎然，才能有生命张力，才能动人无比。

8. 艺术的共性。艺术呈现于各种形式，比如建筑、舞蹈、诗歌、绘画、音乐等，但是它们都有其共性：韵律。比如建筑就是凝冻了的音乐，而音乐则是流动的建筑。好的课堂教学内容各不一样，教学手段也可千差万别，但必定有其共性。我们要善于把握这些共性，通过现象把握本质。

9. 有尽与无穷。诗歌讲究言有尽，意无穷，“言在耳目之内，情寄八荒之表”。好的音乐演奏完了，旋律和节奏却凝住不散，回旋缭绕。好的课，学生走出课堂，仍是回味无穷；好的教育，学生离开校园，仍在受益。我们要追求能对学生产生长远影响的教学和教育。

10. 艺术的价值不只在于给人美的享受，还必须能通过思想教育涵养人格。我们读楚辞，感受屈原的爱国情怀；读杜甫的诗，感受其忧民的情思。好的艺术，一定是真、善、美的统一。艺术是“牢笼百态”，然又“漱涤万物”。好的学校教育，不能止步于教知识、技能，更要注重塑造学生的品格。

美的课堂是一个追求过程，不是教学的终结，哪怕这种美不是完美，不是尽美。我们对英语课堂之美的探索刚刚开始，还有很多未知处，甚至存在可能的误区，但我们对于英语课堂之美的探索不会停止。营造英语课堂之美，对于我们，永远在路上，路上的风景本身也是我们探索英语课堂之美的身心愉悦的审美体验。

上篇

PART ONE

英语课堂的本质美

第一章

天之美：英语课堂的品格美

天问（节选）[1]

（战国）屈原

曰：遂古之初，谁传道之？
上下未形，何由考之？
冥昭瞢闇，谁能极之？
冯翼惟像，何以识之？
明明闇闇，惟时何为？
阴阳三合，何本何化？
圜则九重，孰营度之？
惟兹何功，孰初作之？

注释：

遂：通“邃”，（时间、空间）深远。

1 （战国）屈原，宋玉．楚辞［M］．北京：亿部文化有限公司．2012.

瞢(méng)闇:"闇"通"暗",黑暗,模糊。

冯(píng)翼:大气充满的状态。

三:通"参",混合,交错。

圜(yuán):同"圆",指天。古人认为天是圆的。

营:通"萦",环绕。

作者说明:屈原(约公元前340—公元前278),战国时期楚国诗人、政治家,是我国历史上第一位伟大的爱国诗人,我国浪漫主义文学的奠基人,楚亡之时,自沉汨罗江,以身殉国。

如绪论中所言,英语课堂核心不在英语,在课堂,而课堂核心不在堂,在课。课,本义为考核,《说文》曰:"课,试也。"后指要求完成的任务、要求缴纳的赋税,是一种义务与责任,如"严课农桑""课税"等,再后来延伸指学生必须完成的学业,但作为学业,其核心依然是责任与义务及考核,学业本身就是学生的责任与义务、职责与使命。所以,课堂应该是学生必须完成作为学生的责任与义务、职责与使命的学业之所。这种场所并不仅限于教室,而是包括任何可以学习之所,或者具有教育功能之所。英语的classroom的核心也不在room,而在class。根据韦氏在线词典的解释,class可能与拉丁词源calare同族,语义为call,基本语义相当于"召唤",也就是calling(天启)的本义[1]。

无论从汉语看,还是从英语看,对于学生而言,英语课堂的核心价值都在于通过英语学习完成自己作为学生的责任与义务,响应一种使命与召唤,实现最本质的学习目标,即建构价值观念系统。对于教师而言,则是创造环境和条件,引导和促进学生建构其价值观念系统。价值追问是人类永远的天问,也应成为英语课堂之美的本质。

1 https://www.merriam-webster.com/dictionary/class,2017年6月10日析出。

正如《普通高中英语课程标准(2017年版)》所规定，正确的价值观念是英语学科核心素养的本质，是英语课堂的天，营造英语课堂的正确价值观念之美是英语课堂之美的最高本质，是英语课堂的天之美。

限于本书篇幅和我们已有的实践，本章就英语课堂价值之美的核心之一——品格之美进行探讨，以营造英语课堂的品格之美。我们也期待更多同行对营造英语课堂的正确价值观念的其他维度之美展开探讨。

第一节　学生品格养成与英语课堂品格之美[1]

一、学生品格养成与英语课堂

基础教育是人的终生教育的基础，其所教授的知识可能无法影响一个人的一生，因为这些知识在20年后就会发生很大的更新，但基础教育所塑造的品格则会影响人的一生，因为品格一旦形成，往往具有长期的稳定性。英语作为基础教育的主要学科，英语教育必然具有所有学科教育的共同责任：品格教育。英语课堂的价值意义之美，其重要组成部分是品格教育之美。营造英语课堂的品格之美，就是通过英语课堂基于品格、指向品格的师生互动，形成师生之于品格的审美体验，以促进学生品格养成。

英语的character一词来源于古希腊语karacter，原意是“烙印(impression)”，指在硬币上刻下标记或印盖的封印等，当代语义是the mental and moral qualities distinctive to an individual(个人的道德品质和心理品质的总和)。在现代汉语中，品格的

1 本节与随后部分内容根据《高中英语文化意识教育实践路径》一书中笔者撰写的相关内容改写。

内涵是品质性格，有关道德的行为。从学术的视角，品格具有哲学、心理学和教育学的含义。从伦理哲学角度，品格是指一个人在生活实践中因一定的生活习惯或方式养成的稳定的个性品质。从心理学角度，品格可视为性格，一般指人对现实的态度和行为方式中比较稳定的、具有核心意义的个性心理特征。从道德心理学的视角来看，品格主要是指人的个性心理中那些积极健康的特征，是道德认知、情感、动机、行为等多种道德心理成分在个体身上的稳定表现，是人格的道德维度，是道德教育要着力培养的一个重要方面。从教育学角度，品格是指体现了一定道德规范（如核心价值和美德），内在于个体的，包含了认知、情感和意志成分的道德习惯[1]。从课堂美学的视角，品格教育是课堂的价值意义之美，呈现为教师课堂教学中的品格教育之美，师生基于品格、指向品格的互动中审美体验之美，学生在课堂学习之中的品格养成之美。

需要说明的是，严格意义上的品格有积极、消极之分，但在教育意义上，因为在课堂上我们总是着力于养成学生的积极品格，所以，我们只讨论发展学生的积极品格，或者说，我们所讨论的课堂的品格教育之美，都是积极品格的养成之美。

品格教育就是培养品格的教育实践，由于教育的规定性，品格教育以培养人的优良品格为目标。美国品格教育联盟提出：品格教育是培养青少年良好品格的长期过程。良好的品格应该包括理解、互助、公平、诚信、同情心、责任感、尊重自己和他人等核心价值观念。学校、家庭、社区三者需要通过深思熟虑的不懈努力，帮助青少年形成良好的品格[2]。

品格教育具有悠久历史，孔子、苏格拉底等早期教育家都有大量的品格教育实践。根据道德上的普遍主义和方法上的实质主义，品格教育有广义和狭义之分。源自亚里士多德的教育传统，一

1 蔡春. 品格与品格教育 [D]. 复旦大学博士论文. 2010.
2 苏蓉. 我国中学生品格教育的现代性审视 [D]. 苏州大学硕士论文. 2012.

切以培养美德或品格为目的、不拘泥于传统德育模式的主张都可视为狭义的品格教育，而基于公民教育、宗教教育、自由主义等立场的品格教育论可称为广义的品格教育。

基础教育的英语学科的品格教育是基础教育品格教育的组成部分，其学科特性在于其跨文化特性，形成其跨文化意识教育的内涵。尽管跨文化的品格教育之美可以在所有学科的课堂展现，但英语学科的课堂却有着其他学科的课堂难以比拟的丰富性和全面性，且能全程展示跨文化的品格教育之美。

首先，英语课程教学内容中有不少其他学科教学内容不涉及的，或者更有英语课程特色的品格教育内容，这些是英语教育的品格养成的优势内容，如记忆单词所需要的意志力、克服困难的品格。

其次，英语国家的品格教育中有不少值得我国学习的内容，这些内容应该成为英语教育中品格教育的内容，如英国学生的绅士与淑女品格教育。

最后，美国学者的调查研究发现[1]，我国学生的品格取向和英语国家学生有着不少差异，这些差异可能制约我国学生的跨文化交往，造成跨文化交往中的误解。仅以中美两国学生品格取向比较可知，美国学生品格取向排序第八的好奇心在我国学生中排序第一，而排序第十三的学识在我国学生取向中排第三，还有领导能力、幽默两项，中美学生差异亦很大。显然，英语学科的品格教育应让我国学生充分了解、深度理解英语国家学生的品格取向，使他们在跨文化交往中能准确理解对方的品格取向，同时能基于英语国家学生的品格取向进行有效的跨文化传播。

由此可知，英语课堂的品格教育之美，既可以是所有学科共有的品格教育之美，如爱国、诚实等，但更可以是实现其独特的跨文

1 Park, N., Peterson, C., Seligman, M., Character Strengths in Fifty-four Nations And the Fifty US States [J] . *The Journal of Positive Psychology*. 2006，1(3).

化的品格教育之美。

二、英语课堂品格之美的内涵

英语课堂的品格之美的建构体现在英语课程的品格教育之中，英语课堂品格之美的内涵也就体现在英语课程的品格教育内涵之中。

英语是当今世界广泛使用的语言，是国际交流与合作的重要沟通工具，是思想与文化的重要载体。学习和使用英语对汲取人类优秀文明成果、借鉴外国先进科学技术、传播中华文化、增进我国与其他国家的相互理解与交流具有重要的意义和作用。这是英语课程的工具之美，英语课程更有品格之美，因为英语课程的任务不仅在于让学生学会用英语，而且也在于，甚至更在于让学生在英语学习中发展品格。

《普通高中英语课程标准(2017年版)》规定英语课程的任务是：帮助学生学习和综合运用英语基础知识和基本技能，使他们在发展语言能力的同时，形成良好的文化意识和思维品质，学会学习，提高对多元世界的认识，形成开放、包容的态度，加深对祖国文化的理解，增强爱国情怀，树立正确的人生观和价值观。在中小学阶段开设英语课程，是为学生用英语学习其他学科知识、汲取世界文化精华、传播中华文化创造必要的条件，也为他们的继续学习和职业发展提供更多机会。中小学生学习英语能够为他们未来参与知识创新和科技创新储备能力，为他们更好地适应世界多极化、经济全球化和社会信息化奠定基础。

基于核心素养，品格教育是英语教育的基本内涵，是英语课程的品格之美的课程依据，课程标准对品格教育的规定，奠定了品格教育在英语课程的基本地位。英语课程具有重要的育人功能，对促进学生发展语言能力、文化意识、思维品质和学习能力等英语学科核心素养，落实立德树人根本任务具有重要意义。实施英语课程应着重发展学生的英语语言运用能力，帮助学生在学习、体验和鉴赏中外文化的过程中，增进中国情怀和国际理解，逐步提升跨文化沟通能力、思辨能力、学习能力，进而形成正确的世界观、人生观和价值观。

英语课程倡导指向学科核心素养的英语学习活动观和自主学习、合作学习、探究学习等学习方式，应设计具有综合性、关联性和实践性的活动，使学生通过获取与梳理、概括与整合、实践与内化、分析与评价、迁移与创新等一系列的学习与交流活动，解读、阐释和评判语篇意义，有效表达个人观点、情感和态度，感知和理解文化异同，发展多元思维和批判性思维，提高英语学用能力。

英语学科核心素养是学生在接受相应学段英语课程教育的过程中，逐步形成和提升的适应个人终身发展和社会发展需要的必备品格和关键能力，综合表现为四大素养，即语言能力、文化意识、思维品质和学习能力。就四者关系而言，语言能力是基础要素，文化意识是价值取向，思维品质是心智表征，学习能力是发展条件。

英语学科核心素养涵盖了知识、能力和态度，四大核心素养相互渗透，融合互动，协调发展，是所有学生应具有的、学以致用的基础性综合素养，具有个人价值和社会价值，是英语课程的育人指引，也是学业质量的评价标准。

为了促进英语课程中的文化意识教育，《义务教育英语课程标准》《普通高中英语课程标准（2017年版）》对文化素养的内容做出了具体规定。

由于品格教育发展的内在联系非常强，义务教育阶段的品格教育强度影响高中英语课堂的品格教育，所以，探索高中英语品格教育也需要了解义务教育阶段英语课程的品格教育要求。义务教育阶段是品格教育的基础阶段，《义务教育英语课程标准》对品格发展有以下具体目标规定。

表1-1
《义务教育英语课程标准》所规定的品格教育内容(根据《义务教育英语课程标准(2011年版)》内容整理)

项目	内　　容
总体要求	英语课程承担着提高学生综合人文素养的任务,即学生通过英语课程能够开阔视野,丰富生活经历,形成跨文化意识,增强爱国主义精神,发展创新能力,形成良好的品格和正确的人生观与价值观; 学习一门外语能够促进人的心智发展,有助于学生认识世界的多样性,在体验中外文化的异同中形成跨文化意识,增进国际理解,弘扬爱国主义精神,形成社会责任感和创新意识,提高人文素养。
二级(小学毕业要求)	1. 能体会到英语学习的乐趣; 2. 敢于开口,表达中不怕出错误; 3. 乐于感知并积极尝试使用英语; 4. 积极参与各种课堂学习活动; 5. 在小组活动中能与其他同学积极配合和合作; 6. 遇到困难时能大胆求助; 7. 乐于接触外国文化,增强祖国意识。
五级(初中毕业要求)	1. 有明确的学习目的,能认识到学习英语的目的在于交流; 2. 有学习英语的愿望和兴趣,乐于参与各种英语实践活动; 3. 有学好英语的信心,敢于用英语进行表达; 4. 能在小组活动中积极与他人合作,相互帮助,共同完成学习任务; 5. 能体会英语学习中的乐趣,乐于接触英语歌曲、读物等; 6. 能在英语交流中注意并理解他人的情感; 7. 遇到问题时能主动请教,勇于克服困难; 8. 在生活中接触英语时,乐于探究其含义并尝试模仿; 9. 对祖国文化能有更深刻的了解,具有初步的国际理解意识。

《义务教育英语课程标准》的品格教育在总体内容上具有明确的价值取向,分级内容则侧重于英语学习中的品格发展。总体内容没有完全体现在分级目标中,但分散在其他各种分级目标与内容之中。高中是人生观形成的关键阶段,高中阶段的品格教育也至为关键,《普通高中英语课程标准(2017年版)》对品格发展有以下具体目标规定。

表1-2
《普通高中英语课程标准(2017年版)》所规定的品格教育内容(笔者对内容按主题和级别重新整理)

注：序号为笔者所加，以使内容要点更加清晰。

级别	内　　容
一级	1. 能够在明确的情境中根据直接提示找到文化信息； 2. 有兴趣和意愿了解并比较具有文化多样性的活动和事物； 3. 在需要直接推断的情况下感知中外文化的差异，通过中外文化对比，加深对中国文化的理解； 4. 了解中外优秀文化，感知所学内容的语言美和意蕴美，形成正确的价值观； 5. 能够运用简单的英语描述与现实生活紧密关联的中外文化基本知识。
二级	1. 能够选择合适的方式方法在课堂等现实情境中获取文化信息； 2. 具有足够的文化知识为中外文化的异同提供可能的解释，并结合实际情况进行分析和比较； 3. 在进行跨文化交流时，能够注意到彼此之间的文化差异，运用基本的交际策略； 4. 尊重和理解文化的多样性，具有面向世界的开放态度和文化自信； 5. 感悟中外优秀文化的精神内涵，理解和欣赏所学内容的语言美和意蕴美，树立正确的价值观，形成积极的道德情感，并内化为个人的意识和品行； 6. 有传播中华优秀文化的意识，能够运用所学的英语描述中外文化现象。
三级	1. 能够运用多种方式方法在真实生活情境中获取文化信息； 2. 基于对中外文化差异和融通的理解与思考，探究产生异同的历史文化原因； 3. 具有跨文化敏感性，能够以尊重文化多样性的方式找出并解决问题，调适交际策略； 4. 领悟世界文化的多样性和丰富性，具有国际视野、爱国情怀和国家认同感； 5. 分析、鉴别文化现象所反映的价值取向，汲取文化精华，具有正确的价值观、健康的审美情趣和积极的道德情感，形成自尊、自信、自强的良好品格； 6. 能够用英语讲述中国故事，描述、比较中外文化。

显然，高中英语课程对品格发展内涵提出了明确要求，而且大多数是基于文化教育而要求，即要求文化教育与品格教育一体进行。

以上对于义务教育、高中教育的英语课程的品格发展要求，既是教育赋予英语课程的使命，是英语课堂的职责，更是英语课程品格之美的内容基础。

第二节 营造英语课堂品格之美的基本原则与方法

《义务教育英语课程标准》《普通高中英语课程标准（2017年版）》明确规定了英语课程品格教育发展品格之美的基础内容，如何营造英语课堂的品格之美，在英语课堂促进学生的品格发展，需要课堂实践。

一、营造英语课堂品格之美的基本原则

无论在中国，还是西方，品格教育都具有数千年的悠久传统，品格教育有效原则与方法也非常清晰。但囿于人性的本质性弱点，品格教育总是面对物质利益与身体享乐的巨大挑战，唯有持之以恒、全面实践，方可能实现品格教育的最基本目标。20世纪，美国进行了较为广泛的品格教育实践，形成了一些有效的基本原则和具体方法。参考品格教育已有的有效原则，营造英语课堂的品格之美，促进学生建构相关品格，可以确定以下基本原则：

1. 积极原则

英语课程的文化意识教育应以建构学生积极品格为目标，使用积极的方法，促进学生积极品格（包括但不仅限于课程标准所规定的文化意识）的建构与发展。积极原则要求我们不仅发展学生的积极品格，而且要具有积极的目的、采用积极的方法，尤其是在方法上，很多传统的做法，如责骂，甚至殴打等，并不具有实际成效。积极原则要求我们采用积极的方法，促进学生积极品格的发展。

2. 全面、全程、全域原则

品格发展的最大障碍是人自身，尤其是人本性中的消极因素，如享乐、疏懒等。品格发展必须在人的一生全程进行。我们不能指望高中阶段完成品格教育，甚至不能指望基础教育阶段完成品格教育。人即使到了老年，依然可能出现品格问题。所以，品格发展本质上应是一项终身事业，是人的一生全程皆应发展的领域。这也告诉我们，在高中英语课程中发展人的品格，是高中这一阶段的必然任务，但不是高中阶段可以一蹴而就的。高中英语课程中的品格发展，是小学、初中品格发展的继续，是高中各个学科共同促进品格发展的组成部分，是人的终身品格发展的阶段性工作。

同时，我们要在高中英语教学的全过程关注品格发展，在每一个教学环节皆应关注品格发展，而不应是在一节课结束时用一张PPT呈现品格教育的口号。

英语课程的文化意识教育应包括品格意识、情感和行为等品格发展的全面内容，尤其是促进文化意识落实为品格行为这一内容，通过品格行为体现品格发展。

品格教育还需要学校各部门、社会各界、家庭全体成员等全体相关者的积极参与，作为学校教育组成部分的英语课程的文化意识教育应以学校教育为主，但应积极寻求家庭教育、社会教育的积极参与和支持。学校的各项活动，尤其是英语课程的教育教学活动，要为实践文化意识教育、发展积极的品格创造环境、条件和机会。英语课程的文化意识教育应是学校教育，尤其是学校品格教育的组成部分，学校必须是一个充满关怀的群体，应建成一个全面、全程、全域品格教育的校园。

3. 整合渗透原则

英语课程的文化意识教育不是一种附加在英语语言学习之后的活动，而应采取一种目的明确、课程与活动有机整合的方法，将品格教育整合到英语教学的各个方面、各个环节，从而促进学生在各阶段学校生活中发展相应的品格。以记忆单词为例，这可以促进学生坚忍、勤奋和自信等品格的发展。

4. **身教原则**

品格不是教会的，也不是学会的，而是养成的。品格的养成需要适合品格发育、发展的环境，尤其是品格发展环境中关键人的示范作用，比如教师自身的身教。虽然学校所有员工都必须成为英语课程的文化意识教育所倡导的积极品格的实践者、教育者，但英语课程发展学生的品格，首先的身教者应该是英语教师。

5. **评价激励原则**

品格发展具有人性这一天敌，所以需要设置积极的评价体系激励引导学生坚持所发展的积极品格。英语课程文化意识教育目标，尤其是其内容，应成为学校教育，尤其是英语课程的重要评价内容，不仅在形成性评价中必须坚持，而且也应纳入高考这类选拔性考试中。

英语课程品格教育的基本方法就是英语课堂建构品格之美的基本方法，基本原则也就是建构品格之美的基本原则。

二、英语课堂促进品格发展的基本方法

品格发展需要更强有力的内在动力，但也需要强有力的外在引导与约束，无论是优秀品格的发展，还是不良品行的遏制，都需要内力与外力的双重作用，尽管外力最终是通过内力而起作用，但外力的引领与约束都是不可或缺的基础性力量。在品格发展中，外力是环境、是示范、是引领，其影响促进内力发展，呈现为内外共生的形态，这也是品格发展的基本教学方法。

在品格发展中，人类自身的向生存性先于一切而起作用，无论是在意识尚未形成之前，还是意识形成之后，皆是如此。所以，内外共生的形态之中，内力本质性地先于外力而出现，尽管在可观测形态上，可能外力有时先于内力出现，但其实仍然是内力接受外力作用之后外力才起作用，所以，实质上依然是内力先于外力呈现。

分析这一起源，有助于我们准确把握品格发展的基本教学方法。

基于此，我们可知，营造英语课堂品格之美的基本教学方法可以是：

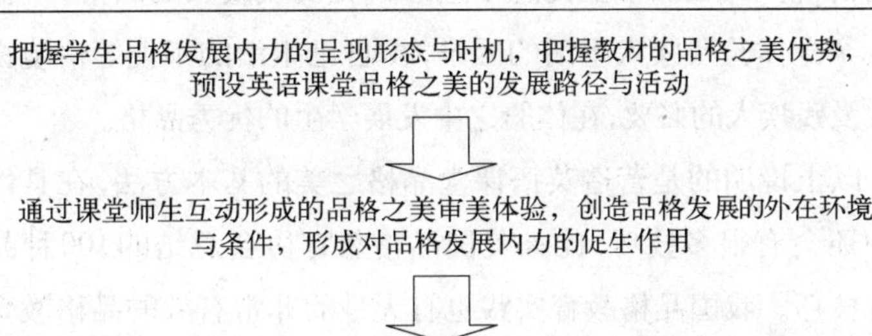

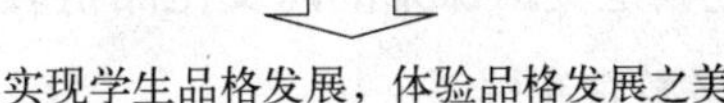

图 1–1
高中英语课堂营造品格之美的基本教学方法

这一方法要求教师首先从学生出发，而不是从课程标准、教材、教师出发，先通过调查分析等方法，把握学生品格发展内力的呈现形态与时机，寻找可能的品格发展内在基础，然后再基于课程标准分析教材，把握教材的品格之美优势，基于之前的学生分析，确定这一节英语课可以发展的品格，最后再通过教学设计中的品格发展设计，预设英语课堂品格之美的发展路径，从而设计相应的有效活动。

这一方法要求教师在课堂互动中引导学生开展互动，而且把握学生主动发起的师生互动、生生互动，通过课堂师生互动，形成对英语课堂品格之美的审美体验，通过这些审美体验创造学生品格发展的外在环境与条件。审美体验不是目的，目的是通过审美体验实现课堂教育目标，或者说，学生的发展才是目的，在核心素养时代，学生的核心素养发展才是目的。而实现学生的发展，关键在于形成学生内生的发展动力。所以，形成师生对于品格之美的体验，在这一教学环节的目的，是形成对品格发展内力的促生作用，促使学生的品格发展内在动力的生成。

在形成师生品格之美审美体验、促生品格发展内力之后，教师则应引导学生基于品格之美的审美体验，理解所体验品格的内涵，体验品格发展情境。品格发展需要学生理解品格，尤其是品格发展的情境。如我们希望促进学生形成关爱残疾人的品格，则需要学生亲身体验残疾人生活的困难，由自己生活的不便等情境去体验关爱残疾人的必要，在体验之中发展学生的优秀品格。

以上说明的是营造英语课堂品格之美的基本方法，在具体实践中还会有很多技巧，比如美国品格教育协会总结的100种品格教育技巧。我国品格教育实践也有大量的非常有效的品格教育技巧，美国的这100种技巧可以加以合理利用，对我国品格教育实践技巧形成补充，尤其是英语课堂的跨文化品格教育，也的确需要参照英语国家的品格教育实践。

注：笔者基于美国品格教育整理出适合我国品格教育的100种技巧，详情请参阅“附录1.1”。

第三节　营造英语课堂品格之美的具体方法

一、基于单元任务营造英语课堂品格之美

单元是高中英语教材的基础，单元教学是高中英语课堂的基本形式。在单元教学中，我们可以引导学生通过课堂互动完成任务，形成对品格之美的审美体验，从而实现品格发展。所以，基于单元任务营造英语课堂品格之美，是营造英语课堂品格之美的可选实践方法。

《英语》(高中，人教版）选修七第一单元的主题是帮助残疾人，这是我们应该促进学生发展的一种积极品格。但如何有效地帮助残疾人，却是很多学生不知道的。基于这一单元内容，笔者设计了小组任务：每个小组至少找出五种有效帮助残疾人的方法。以任务为驱动，营造英语课堂品格之美，促进学生在英语课堂发展积极品格。

以下是单元教学设计。(每一课具体的课前、课中、课后学习方案与相关阅读材料等，因篇幅限制而略去，只呈现第1课时的教学设计，对第2、3、4课时内容做简单梳理和说明。)

表1-3
《英语》(高中，人教版)选修七第一单元第1课时教学设计

<table>
<tr><td>教学内容</td><td colspan="2">Warming Up, Reading</td></tr>
<tr><td rowspan="4">单元学习目标</td><td>语言能力</td><td>1. 通过复习、学习，能运用与残疾话题有关的词汇；
2. 通过复习，能进一步提高动词不定式运用的准确性、灵活性；
3. 通过复习，巩固“祝愿和祝贺”的表达方法和委婉地提建议的方法，学会根据语用目的表达祝愿和祝贺，以及委婉地提出建议；
4. 在阅读中，能通过图式建构来获取和处理篇章信息，理解语篇意义，进一步发展利用阅读技能获取文章主旨和作者意图、利用构词法和上下文猜测生词意义等的能力；
5. 能基于单元阅读和语言知识学习，通过讨论，选择恰当的语句表达可以开展帮助残疾人的活动。</td></tr>
<tr><td>文化意识</td><td>1. 进一步了解并尊重残疾朋友，体现平等合作精神；
2. 进一步形成正确的人生观、价值观和世界观，把握生活的真谛。</td></tr>
<tr><td>思维品质</td><td>分析残疾人生活困难的内在身体困难原因和外在环境不友好原因，分析无法解决的困难，找到可以解决的困难，针对性地制定帮助残疾人的方法，从而发展多维度分析问题的思维品质。</td></tr>
<tr><td>学习能力</td><td>1. 借助联想建立相关知识之间的联系；
2. 在学习中借助图式等非语言信息进行理解或表达。</td></tr>
<tr><td rowspan="4">第1课时学习目标</td><td>语言能力</td><td>1. 通过复习、学习，能运用与残疾话题有关的词汇；
2. 在阅读中，能通过图式建构来获取和处理篇章信息、理解语篇意义的能力。</td></tr>
<tr><td>文化意识</td><td>进一步了解并尊重残疾朋友，发展有效帮助残疾人的意识。</td></tr>
<tr><td>思维品质</td><td>分析残疾人生活困难的内在原因和外在原因。</td></tr>
<tr><td>学习能力</td><td>在学习中借助图式等非语言信息进行理解或表达。</td></tr>
</table>

(续表)

<table>
<tr><td>任务</td><td colspan="5">分组完成以下任务：阅读课文，理解课文的语用目的（介绍残疾朋友的生活、学习和工作情况，表达相互尊重、相互理解和相互关爱的生活态度），了解残疾人生活困难，写出帮助残疾朋友的必做五件事（five must-does）。</td></tr>
<tr><td>学习资源</td><td colspan="5">学习目标策略短文，学习风格与任务选择短文，介绍The Family Village等短文，缩写课文，补充阅读短文。</td></tr>
<tr><td>预设时间</td><td>学习步骤</td><td>学习目的</td><td>教师活动</td><td>学生活动</td><td>学习资源</td></tr>
<tr><td>第1～3分钟</td><td>教学热身与启动</td><td>感知品格情境</td><td>告诉学生“Experience can make us shocked. Today, you get a chance to have some special experience.”；
请一位学生到老师身边，找一块很厚的布完全蒙住这个学生的眼睛，拉着转几圈，再让他找自己的笔、座位等；
一组学生体验；
安排另一组学生体验绑住双腿上台阶。
总结“So you can tell us how difficult it is for a blind person to find something.”；
告诉学生开始学习关于帮助残疾人的话题，希望学生学习后能够更理解残疾朋友的困难，能给他们更多的帮助和关爱。</td><td>听老师介绍；
观察老师对游戏的演示；
参与小组体验活动：一组学生体验蒙眼找物，一组学生体验绑腿上台阶。</td><td>老师讲解

同学活动</td></tr>
</table>

（续表）

预设时间	学习步骤	学习目的	教师活动	学生活动	学习资源
第4～5分钟	任务呈现	了解任务	说明任务：大家体验了身体某些功能缺失之后的困难，我们要帮助残疾人。如何有效帮助他们？我们在本单元学习后每个小组至少提出五种方法。 要求：1.尊重残疾人；2.切实可行。 通过学习课文，帮助学生了解为什么帮助残疾人先要尊重残疾人。	了解任务。	课前学习成果
第6～10分钟	运用能力发展	激活完成任务所需知识与能力	引导学生完成教材Warming Up部分的内容； 引导学生关注不定式使用是否正确。	完成教材Warming Up部分的内容；全班评价学习，设计四个动词不定式的语义理解题。	教材的Warming Up部分的内容
第11～17分钟	读中活动	理解品格情境	让学生阅读课文，回答问题（Why should we respect the disabled people before helping them?）。	阅读课文，回答问题（Who is Marty? What difficulties did Marty have in his life?）。	课文内容
第18～26分钟	读中回答	理解课文细节	让学生再次阅读课文，找出马蒂生活困难的原因，并就自己找出的原因进行小组讨论分析，达成小组共识； 各小组陈述本组共识； 引导学生关注不定式的理解是否正确。	再次阅读课文，回答问题（What are the causes of Marty's difficulties?）； 小组讨论原因，达成小组共识； 向全班陈述小组共识。	同伴学习成果

（续表）

预设时间	学习步骤	学习目的	教师活动	学生活动	学习资源
第27～35分钟	读后活动	形成品格之美的审美体验	老师引导学生对这些原因按内因、外因分类，分类发展学生思维品质； 洞察：社会对残疾人的不尊重，包括在帮助残疾人时表现出的不尊重，是残疾人面临的更大困难； 理解尊重带来的感受，以此形成对尊重残疾人，然后帮助残疾人这一品格的审美体验。	跟随老师对原因进行分类，发展思维品质； 深度理解马蒂不被尊重时的心理痛苦； 通过讨论，深度理解老师提出的帮助残疾人首先要尊重残疾人的品格之美，体验这一品格之美，形成深度的审美体验。	课文内容
第36～44分钟	任务展示	任务完成	让各组重新修改之前的认识，达成新的共识：强调尊重残疾人这一外因的重要作用。	小组讨论，在老师引导下重新修改之前的认识，达成新的共识：强调尊重残疾人这一外因的重要作用，然后展示新的共识。	同伴任务成果
第45分钟	布置作业 结束课堂	巩固强化	第48页活动1、2、3语篇重构。	巩固所学语词。	课后学习方案

第2课时：基于学生在第1课时对尊重残疾人是帮助残疾人的前提这一品格内涵的深度理解、审美体验，本课时以马蒂为例，引导学生分析残疾人的哪些困难是可以解决的（如社会对残疾人的尊重，社会提供便于残疾人外出工作、生活、学习的设施等），哪些是不能解决的（有些残疾出现之后就难以治愈），同时以此发展学生的思维品质。

第3课时：主要结合随后学习内容，讨论对于那些可以帮助残疾人解决的困难，我们可以采取哪些措施，哪些措施我们学生无法实施，但可以推动社会实施，哪些是社会目前发展阶段尚无法实现，而需要到社会进一步发展之后再实施的。同时以此发展学生思维品质。

第4课时：分组讨论可以开展的五项帮助活动，各组分享各自形成的五项帮助活动，关注是否以尊重残疾人为前提，并基于此，形成帮助残疾人活动的班级清单，而且要求学生形成相互督促机制，相互提醒在真实生活中开展这些活动，有效帮助残疾人。

通过这一单元的教学，学生非常显著地提升了尊重残疾人的意识，而且大多数学生都在讨论中形成了以尊重残疾人为前提帮助残疾人的意识，尤其在最后的小组方案分析的评价中，其他小组同学纷纷以是否尊重残疾人为标准，对各小组方案进行评价，并提出修改建议，把尊重残疾人这一前提发挥到极致，形成非常强有力的以尊重残疾人为前提帮助残疾人的审美体验，充分展示了英语课堂的品格之美。

这一单元充分营造了英语课堂的品格之美，没有简单地讨论如何帮助残疾人，而是通过对以尊重残疾人为前提帮助残疾人的审美体验，发展学生的相关品格。在与多位使用同一教材、曾经教授这一单元的老师对这一课例的讨论中，笔者发现，尊重残疾人这一前提带来的审美体验非常关键，也是影响学生是否深度学习这一单元、深度参与这一单元学习活动的重要因素。这也说明，在基于单元任务营造英语课堂之美的实践中，我们要充分挖掘单元内容的品格之美优势，这可能是教师需要充分准备的。

二、基于选修课的深度讨论营造英语课堂品格之美

营造英语课堂品格之美，除了基于教材的教学之外，还可以在教材之外的学习活动中进行。英语演讲是现在比较广泛开设的选

修课，也深受学生欢迎。以下这一案例就是基于英语演讲课营造课堂品格之美的真实体验。

第一步：把握学生品格发展内力的呈现形态与时机，把握教材的品格之美优势，预设英语课堂品格之美的发展路径与活动。

笔者发现，高一新生进校后很快会出现一些由于偏见带来的歧视，比如，对来自不同的初中，尤其是来自乡镇初中的同学的偏见，以及对不同家庭背景、不同成绩的同学的偏见。这些歧视现象给一些同学带来严重的心理负担。

在一场名为*The danger of a single story*的TED演讲中，讨论的就是克服偏见带来的歧视。这一演讲适合基础较好的高一学生。于是，笔者决定以此为内容进行教学，营造英语课堂的品格之美，引导学生发展克服偏见的品格。

在授课之始，笔者向学生展示学校最近调查中的一个真实案例。笔者呈现一位名叫黄和的高一学生所反映的具体问题，以及班级中出现的偏见现象，如有学生说"A县的人就是坏""B乡的人就是土""他块头大，就是爱欺负人"等，也可以呈现最近本校或本地学生生活中出现的由于偏见导致的问题、冲突，或者新闻中出现的地域偏见导致的冲突，甚至悲剧，让学生分析原因，引导学生得出结论："Prejudice（偏见）is dangerous."

笔者以案例方式介绍我国社会中还有更常见的跨文化、跨民族偏见，以及地域偏见，甚至一定程度上的性别偏见。

笔者告诉学生，调查显示绝大多数学生希望所有同学都能学会克服偏见。

第二步：通过课堂师生互动形成的品格之美审美体验，创造品格发展的外在环境与条件，形成对品格发展内力的促生作用。

外语教育的一个重要功能就在于引导学生学习不同国家、不同民族的文化和语言。在此过程中，发展学生尽可能减少偏见的意识与能力，是外语教育的重要责任之一。

注：*The danger of a single story*演讲文稿请见“附录1.2”。

笔者给学生播放前面所提到的TED演讲，让学生感知其内容：一位年轻非洲女作家——Chimamanda Ngozi Adichie——介绍的她所遇到的，以及她自己表现出来的偏见。然后引导学生阅读演讲稿，深度理解其内涵。整个演讲大约12分钟，文字将近3 000词，学生无法在一节课内完成全部内容的阅读，但可以随着字幕理解演讲内容。笔者将文字稿印发给学生，要求学生课后进一步阅读理解，并进行讨论。

本篇学习内容的品格发展目标是通过阅读演讲稿，理解只听片面之词的危险，发展学生在跨文化交往中尽可能减少偏见的跨文化意识与思维能力；其任务要求学生面对自己思想意识中的偏见（每个人都存在这样或那样的偏见，人类迄今尚无法真正做到“全见”），为自己制订尽可能减少偏见的行动清单。偏见无处不在，在跨文化交往中尤其突出。发展学生尽可能减少偏见的品格和思维能力，是外语教育的责任之一。

第三步：引导学生基于品格之美的审美体验，理解品格内涵，体验品格发展情境。

在学生听完演讲之后，笔者让学生阅读演讲稿的开头部分，引导学生通过回答关于语言理解与内容理解的问题，深度理解演讲词，形成对于品格之美的审美体验，理解克服偏见的内涵和发展情境。

笔者提出以下语言理解问题：

1. What is the “danger”?

The danger of prejudice (the single story).

2. Where is Nigeria? What do you know about Nigeria?

In Africa.（可以让学生直接上网获取相关信息，然后分享。）

3. What does “my poor mother was obligated to read” mean here?

My mother had to read them because I forced her to do so.

4. What does “all my characters” mean here?

All the people in the stories she wrote at that age.

5. What does "a desperate desire" mean here?

A hopeless want.

6. Who/What made her "become convinced"?

The books she read.

7. What does "girls with skin the color of chocolate" mean here?

Girls with dark skin.

8. What does "stir my imagination" mean here?

Make me imagine.

然后笔者引导学生理解语句结构的语用特性，以强化对尼日利亚作家英语语言之美的审美体验，这本身就是克服偏见的一种重要体验。笔者提出这类句子比较问题：

1. I'm a story teller. vs I tell stories.

"*I'm a story teller.*" gives stronger support to the purpose of the talk, because it is about the qualification and status of the author, not about action.

2. I would like to tell you a few personal stories about what I like to call "the danger of the single story". vs I would like to tell you a few personal stories about "the danger of the single story".

"*I would like to tell you a few personal stories about what I like to call 'the danger of the single story'.*" gives stronger support to the purpose of the talk, because it clearly states that "*the danger of the single story*" is her personal finding.

3. So I was an early reader. vs So I started to read early.

"*So I was an early reader.*" gives stronger support to the purpose of the talk, because it describes that she could read at her early age and often read then. "*So I started to read early.*" does not have the meaning that she often read at that age.

4. And when I began to write, at about the age of seven, stories in pencil with crayon illustrations that my poor mother was obligated to

read, I wrote exactly the kinds of stories I was reading. vs And I began to write stories in pencil with crayon illustrations at about the age of seven. My poor mother was obligated to read my stories. I wrote exactly the kinds of stories of my reading.

"*And when I began to write, at about the age of seven, stories in pencil with crayon illustrations that my poor mother was obligated to read, I wrote exactly the kinds of stories I was reading.*" gives stronger support to the purpose of the talk, because the clauses show that the author has good abilities of using English in writing and speaking which implies that she is well-educated.

5. All my characters were white and blue-eyed. They played in the snow. They ate apples. vs All my characters who were white and blue-eyed played in the snow and ate apples.

"*All my characters were white and blue-eyed. They played in the snow. They ate apples.*" gives stronger support to the purpose of the talk, because it means that all the characters played in the snow and ate apples, but the sentence "*All my characters who were white and blue-eyed played in the snow and ate apples.*" implies that there are some characters who are not white or blue-eyed. And the short sentences "*They played in the snow. They ate apples.*" are powerful in such a passage in which most sentences are compound sentences (sentences with clauses).

6. And we never talked about the weather, because there was no need to. vs And we never talked about the weather. There was no need to.

"*And we never talked about the weather, because there was no need to.* "gives stronger support to the purpose of the talk, because it is powerful to use a compound sentence after three simple sentences "I had never been outside Nigeria. We didn't have snow. We ate mangoes."

7. Never mind that I had no idea what ginger beer was. vs I had no idea what ginger beer was. Never mind.

"*Never mind that I had no idea what ginger beer was.*" gives stronger support to the purpose of the talk, because this sentence means "although I had no idea what ginger beer was", but "*I had no idea what ginger beer was. Never mind.*" means that I had no idea what ginger beer was. Please don't mind this.

8. What this demonstrates, I think, is how impressionable and vulnerable we are in the face of a story, particularly as children. vs This demonstrates the following. We are very impressionable and vulnerable in the face of a story, particularly as children.

"*What this demonstrates, I think, is how impressionable and vulnerable we are in the face of a story, particularly as children.*" gives stronger support to the purpose of the talk, because it makes the beginning of the sentence more focused and attractive.

9. Now, things changed when I discovered African books. vs Now, things changed. I discovered African books at that time.

"*Now, things changed when I discovered African books.*" gives stronger support to the purpose of the talk, because it makes the time clearer and more accurate.

10. I realized that people like me, girls with skin the color of chocolate, whose kinky hair could not form ponytails, could also exist in literature. vs I realized the following. People like me could also exist in literature. I was a girl with skin the color of chocolate. My kinky hair could not form ponytails.

"*I realized that people like me, girls with skin the color of chocolate, whose kinky hair could not form ponytails, could also exist in literature.*" gives stronger support to the purpose of the talk, because "*I realized that*" could get audience more focused on the following information, and the attributive clause can make the sentence more of literature.

11. So what the discovery of African writers did for me was this: It saved me from having a single story of what books are. vs So what the discovery of African writers did for me was that it saved me from having a single story of what books are.

"*So what the discovery of African writers did for me was this: It saved me from having a single story of what books are.* "gives stronger support to the purpose of the talk, because it makes a longer pause in the middle of the sentence and "this" can make it stressed so that the audience may focus more on the following part of her speech.

在学生阅读理解演讲稿的开始部分之后，教师让学生根据此部分内容讨论以下问题：

1. What is the purpose of this talk?

   To persuade the audience believe that the single story is dangerous.

2. How did she support her purpose?

   To use some stories which show the danger of the single story.

3. What kind of English, educated or casual, can make the audience believe her stories more? Why?

   Educated English, because education can guarantee that her findings and analysis are more academic so that it is more trustworthy.

4. What are the basic standards of educated English?

   More compound sentences for clearer and more accurate information with some simple but powerful sentences for balance.

5. What are the features of the sentences in the talk? How do they give strong support to the purpose of the talk?

There are more compound sentences than simple sentences. There are more sentences with actions verbs than those with nouns of status. The compound and simple sentences are properly intersected. It makes the talk powerful. The quality and status descriptive sentences are seldom but properly used. This makes the talk full of the feature of literature.

此时这节演讲课在课时上已经结束，但学生的理解还需要强化，讨论还需要深入，这样才能真正形成更有价值、更能促进学生品格发展的内力的审美体验。于是，教师要求学生课后阅读完整的演讲稿，再次听演讲，感知演讲词，形成基于演讲的审美体验，深度理解克服偏见的品格内涵和情境。同时，教师为学生提供更为丰富的课后阅读材料，让学生阅读相关文献，形成对这一问题更深入的审美体验，更广泛、准确地理解克服偏见的品格内涵和情境。

注：两篇课后阅读文献"The concept of impartiality"和"Impartiality in journalism"请见"附录1.3"。

课外阅读之后，学生经历了强烈的品格体验，对新闻报道应公正平衡表现出深度理解，学生们对话题自发讨论，甚至争论、辩论。如此强烈的审美体验，非常显著地促进了学生克服偏见的品格发展。教师也根据学生的强烈要求，在随后的课堂上，专门安排时间，让学生就自己的观点发表意见，甚至提出克服偏见的班级公约，希望同学们遵循。

第四步：实现学生品格发展。

在这一阶段，让学生就本班，尤其是自身存在的偏见展开讨论、分析，列出克服偏见的行为清单，约束自己的行为，并请全班同学进行监督，从而实现自己品格的发展。

学生列出的克服偏见的行为清单内容主要有：

Be nice to all the people no matter where they are from, what they look like, whether they are rich, clever or not ... Be nice to them just because they are human beings.

Respect all the people no matter what profession they are in, what schools/universities they graduated from ... Respect people just because they are respectable.

Never say "All those students from villages/towns are foolish/less knowledgeable/...".

Never say "All the girls/boys are ...".

Never say "All the top students are ...".

Never say "All the teachers are ...".

Never say "All the students are ...".

...

这一案例说明选修课内容具有相当大的弹性，教师可以根据需要补充很多相关材料，从而使学生更加丰富地体验相关品格之美，也能更加有效地营造英语课堂之美，甚至包括把课堂延伸到课外的课堂之美，更为重要的是，可以促进学生克服偏见品格的有效发展。

第二章

地之美：英语课堂的成长美

麦地（节选）[1]

海子

……

麦浪——
天堂的桌子
摆在田野上
一块麦地

收割季节
麦浪和月光
洗着快镰刀

1 海子 . 海子诗全集［M］. 北京：作家出版社 . 2009.

……

我们是麦地的心上人
收麦这天我和仇人
握手言和
我们一起干完活
合上眼睛，命中注定的一切
此刻我们心满意足地接受

……

1985.6

作者说明：海子(1964—1989)，原名查海生，安徽怀宁人，当代著名诗人，1989年3月自杀。

在海子的诗中我们可以感受到，麦子生长在麦地，大地因为生长着麦子而成为天堂的餐桌，而我们这些麦地的心上人，甚至可以在丰收中消泯仇恨。生长着麦子的大地，以及麦子在大地的生长，是大地之美，是大地的生命之美，是生命的成长之美。

如绪论中所言，营造英语课堂之美的目的是实现学生成长发展这一英语课堂的目标，学生的成长便是课堂的大地之美。

学生在英语课堂的第一种成长，是生命的成长，这是英语课堂的生命之美。基于英语学习材料丰富的内容，我们可以选择生命成长的内容，在英语课堂的师生互动中形成生命之美的审美体验，促进学生的生命发展。如对青少年成长故事的学习，对袁隆平等榜样人物事迹的学习，可以引导学生体验人生发展之美；对植物独特价值的学习，如植物能说明一个地方土地水分涵养程度，通过植物迁徙历史能揭示文化传播路径，甚至引发诗歌创作等，也可以引导学生体验平凡生命具有自身独特价值的生命之美。此外，英语学习需要克服很多困难，而克服困难可以培养学生走出挫折的能力，实现生命成长的生命之美。

学生在英语课堂的第二种成长，是核心素养的发展。核心素养是当前高中英语课程的核心目标，促进学生核心素养发展，是英语课堂生命之美的时代体现。英语学科的核心素养包括语言能力、文化意识、思维品质和学习能力，英语课堂的成长当然也包括这四项素养的发展，而且根据《普通高中英语课程标准（2017年版）》的要求，四项素养应该在英语课堂里整合发展。

第一节　营造英语课堂成长之美的基本原则与方法

学生是成长中的人，任何课堂本质上都是学生的课堂，都是学生成长的场域，英语课堂亦然。营造英语课堂成长之美，需要从生命成长定位其基本原则与方法，也要从素养发展定向其基本原则与方法。

一、营造英语课堂成长之美的基本原则

1. 生命成长与素养发展相结合

学生在英语课堂的成长既包括生命的成长，也包括素养的成长，素养的成长中包括学识的成长、能力的成长、品格的成长，或者按照英语学科核心素养，包括语言能力、文化意识、思维品质、学习能力的发展。营造英语课堂学生成长之美，则以促进学生生命成长、素养发展为目的。所以，营造英语课堂学生成长之美的首要原则应是生命成长与素养发展相结合。英语课堂是学生学习英语的课堂，英语学科的核心素养发展是英语课堂不可或缺的内涵，而且应该成为学生在英语课堂成长的基础，但英语课堂也应是学生生命成长的课堂，二者有机整合，才能促进英语课堂成长之美的实现。

在英语课堂上生命成长应该与素养发展相结合，英语学科核

心素养发展是基础性的，是课堂的基础，而生命成长是英语课堂的高度，二者的结合构成英语课堂的立体空间。

2．整合渗透与择机突破相结合

无论是生命成长还是素养发展，都不是一蹴而就的，两者需要成长的过程，需要成长的条件与环境。不过，成长也可能在恰当的时机形成突破，从过程的量变积累产生质变，一如一根竹子，在过程中积累，到一定时机则形成拔节。营造英语课堂成长之美亦如此，既需要长期的渗透，也需要趁势突破，这就是整合渗透与择机突破相结合的原则。

英语课堂成长之美的整合渗透表现在英语课堂日积月累的日常课堂行为之中，教师的言传身教、教材的内容、课堂的组织等，都对学生的生命成长与素养发展起到潜移默化的作用，而基于某一课文或课堂学生行为带来的课堂生成机遇，可能会出现成长的突破。二者的结合促进营造英语课堂成长之美，实现英语课堂成长之美的目的。

二、营造英语课堂成长之美的基本方法

如上所述，营造英语课堂成长之美需要把握生命成长与素养发展相结合、整合渗透与择机突破相结合的两项基本原则，基于这两项原则营造课堂成长之美的基本方法，是长期坚持与择机突破。

1．阳光雨露般的坚持

营造英语课堂成长之美需要时间，需要持之以恒的过程，一如阳光雨露对于大地的滋润，需要365天的持之以恒，才能真正形成大地的收获，不仅英语语言能力发展需要长期积累，英语学科的其他核心素养发展需要持之以恒，生命成长更是如此。

笔者执教目前这个班级近两年，在这两年中，抽空记录下和所教班级学生相处的点点滴滴，这些小故事充分体现了笔者英语课堂上对于促进学生成长之美的阳光雨露般的坚持。下面择取数例，以显示学生的成长之美，同时说明教师与学生间谦逊和谐的相处、阳光雨露般坚持的作用。

我发现孩子们对Facts和Opinions的用法非常迷惑，遂建议道："要不我请鲁教授再来上一次课？老师自己很不好意思，没有足够的储备上好这个专题。"林森同学说："就是怕欠鲁教授太多人情。"多么善解人意的孩子啊！

注：此处文字为师生日常交往互动内容，使用了不少口头语表达，以突出师生之间平易相处的情感，也以此建构促进学生生命成长的语言环境。

一次下课，皓天同学走过来对我说："老师今晚来看我们合唱节预赛吗？"我问："Am I expected?"皓天说："You are strongly invited."宛佳说："就怕我们唱不好。"我说"How is it possible?"亦师亦友的相处是多么美好的感受啊！

今日连堂课，平台的数据线出了问题，无法连上电脑。皓天、林森、政泽等同学上来帮忙，捣鼓了半天还是不行。不知道谁急中生智说："用投影仪投射电脑屏幕。"然后俊男、政邦、林森等同学一阵忙乎。It works! 我弯着腰在操作电脑，俊楠同学推过椅子说："老师，你坐在凳子上。"点点滴滴的热心和高情商的举动让我动容。

下午进教室，见一堆同学挤在讲台看《广州日报》。我问他们什么内容这么吸引人，他们答相亲报道。我说在大学可以好好谈恋爱，找到自己的另一半，以后就不用去相亲了。俊楠问同样是谈恋爱，为什么高中时不让谈，大学就鼓励谈。我说："因为你以后会遇到谁、吸引谁，取决于你会去到哪里的平台。所以，现在为了以后能遇到更好的女孩努力吧。"俊楠说："有道理哦。"人生道理在浅显的交谈中渗透，课堂外的成长之美择机突破，岂不美哉！

最近我在练字，常常请教字写得漂亮的知闲同学。一次下午下课，知闲同学走过来说："老师，这支笔送给您。0.7 mm的笔写出来的字最漂亮。"知闲同学，老师一定努力练习，以不辜负你这支笔。

这些小故事看似都是芝麻绿豆一般的小事，但正是这样一种持之以恒的观察和互动，实现了学生在英语课堂内外的成长。

2．拔节成长的突破

促进学生生命成长有很多重要节点，把握这些节点带来的机遇，可以非常显著地促进学生生命成长与素养发展。这些节点可能是自然节点，也可能是教材内容带来的节点。对于高中生，18岁成人礼是人生中最重要的节点之一。教师可以在学生18岁时，或者学校举行成人礼时，以教室之外的课堂方式，引导学生体验生命成长之美，促进学生感悟成长。

下面是2017年高三学生成人礼时，笔者给学生写的成人礼之信。很多学生收到信后非常感动，并将他们的感动和感悟反馈于笔者，由此也促发笔者的一次生命成长。

亲爱的同学们：

尽管你们都即将或已经步入成人的行列，为师还是习惯了称呼你们为娃们。这个称呼，为师私底下已经称呼两年多了，你们就如我自己的孩子，不管多大，在我眼里还是孩子，还是"娃"。

为师要感谢你们。在我职业生涯的很长时间里，我从来没有意识到我要感谢我的学生。我会喜爱学生，会欣赏学生，会关心学生，唯独从没有想到要感谢学生，是你们给我补上了感恩学生的这一课。两年多的相处，你们的聪敏、善良、宽容、活泼、好学、团结，时时感染感动着我。我要感谢你们的宽容和善良，尽管我有时急躁，口语能力不强，讲着有家乡口音的普通话，板书不漂亮，教学有诸多不足之处，但是你们依然一直都很努力地学习英语，你们依然在每学期的教师评议中给我很高的评价；我要感谢你们的信任，感谢你们在给科任老师的建议中写着：跟着陈老师走，相信英语一定能考好。你们不知道，那对为师是怎样的一种鼓励；我要感谢你们的鞭策，因为你们的好学，让我觉得，如果你们英语学不好，那只能是我的问题，因此，我必须更加热情地去研究课堂，研究教学。因为你们的博学，我努力读书，使自己不那么浅薄，使自己能配得上你们的优秀；我更要感恩你们带来的快乐，两年多来的每一节课，我都带着愉悦的心情走进课堂，在不知不觉中下课。课堂上你们精彩的发言，时不时的笑声，常令为师回味良久。我也要感谢你们的父母，教养出如此出色的你们，还有从初一到高三陪伴你们六年的班主任周天子，塑造出一个如此优秀的团体，让我得以坐享其成。

在为师看来，18岁之所以动人，是因为这是对未来可以有种种梦想的时段，身处如今的年纪，为师特别羡慕嫉妒你们，因为世界之门在你们面前冉冉开启，你们的未来可以有诸多可能。

然而，可能、梦想，若不努力，就永远只能是可能、梦想，然后，这种可能和梦想，到了老之将至，就可能成了悔恨、痛心，成了你们教育自己孩子时候的苍白无力。

我们放眼整个人生，其实每走一步都很重要。为师从来都不主张渲染高考的悲情和悲壮，不觉得高考如愿了前面就是一马平川，高考失败了人生就是万劫不复。为师觉得，人生的每一步都要走实、走好。尽管不断成长是生命应有的题中之义，不管青春少艾，还是垂垂老者，但很多时候，我们的后半生会如何，是因为我们前半生的基础。高考的重要，可能也在于此。你上哪所大学，某种程度上决定了你会在怎样的环境中继续深造，你将获得什么资源，你会遇到什么朋友，甚至邂逅怎样的爱情，以后将从事怎样的工作。所以，同学们，为师将陪你们拼一把。

我记得杨绛女士写过一本书——《走到人生边上》，书里有很多智慧之言。为师没有杨先生的智慧和才情，但到了这个年纪，对人生也有很多的感悟，这里分享我感受最深刻的三点。

成人的世界远比青少年要难得多，不管事业还是爱情、家庭，都有不顺之时。不管再苦再难，永远不要自暴自弃，永远要心怀希望，永远记得要做好你自己。你若美好，花自盛开。所谓运气，也只是拼尽全力带来的红利。

要做一个有价值的人，这种价值，不是外界的指点，不是物化的评价，而是一种发自内心的自我认可。我们大部分人，终究是平常人。平常人生之可贵，在于平常人生也可以很有意义。于国家、于社会、于他人以及于自己的家庭，我们能有所成就；于自己，我们能悦纳自我，觉得自己活出了自己想要的样子，或是一直在努力成为自己想要的样子。

人生的幸福需要多个支撑点。读书、运动等爱好是有力的支撑。读书的好处不需多言。为师在将近40岁时才开始学古筝、练瑜伽，并一直坚持下来，受益无穷。希望你们在以后的生活中也多读书，常运动，有一个健康的爱好，这些带来的快乐，都是别人夺不走的。

你们的老师

陈晓云

把握英语课堂成长之美的节点，需要教师对学生的充分了解，从学生视角理解的节点才是真正的节点。

第二节　营造英语课堂生命成长之美

课堂是学生的课堂，自然是青春飞扬的课堂，充满着生命的活力。把握英语课堂上学生的活力，是营造英语课堂生命之美的基础。

迎接挑战、克服困难，是我国学生课堂活力的一个方面。我国学生学习英语必然会遇到各种困难，尤其是跨文化的困难。如何走出困难、走出挫折，实现生命发展，是英语课堂之美必须引导学生充分体验并发展的。如前所述，促进学生在英语课堂上的生命成长既需要阳光雨露般的坚持，也需要拔节成长的突破。笔者通过大量教学实践发现，课文教学是促进学生实现生命拔节成长的有利时机。《英语》（高中，人教版）选修七第五单元*Travelling abroad*介绍了中国学生谢蕾在国外学习中遇到的困难，这类课文具有引导学生体验生命之美的内容优势。

这一单元的课文中存在多维度理解问题，如谢蕾对英国教师的理解，英国教师和同学对谢蕾的理解，学习这篇课文的学生对谢蕾和英国教师的理解，等等，其中对谢蕾学习困难的状态及其原因的分析，有助于引导学生合理面对并勇敢解决学习困难，实现生命成长，从而实现英语课堂生命之美的价值。同时，分析这些学习困难及其原因，也有助于发展学生的思维品质。因此，笔者选择以发展学生思维品质为经，以引导学生克服困难、实现成长为纬，进行这一单元的课文阅读理解教学。

营造英语课堂生命成长之美，让学生在英语课堂体验生命成长，形式很多，其中通过提问引导学生思考、分析，是非常有效的方式。发展学生思维活动的形式也很多，提问，尤其是批判性的提问，是最为有效的活动形式之一[1]。我们发现，深度提问可以发展学生思维的深刻性品质，尤其是在起始问题（initial questions）之后，提问追问问题（further questions），对发展学生思维品质作用特别显著[2]，而且也有助于学生形成深刻的生命成长体验。起始问题是开始一个新内容（人物、行为等）的提问，追问问题是在起始问题之后继续提出，对前面问题的所作回答进行补充或诠释，进一步分析内容与问题答案间的逻辑因素，无论是对内容的追问，还是对问题所作回答的追问，都是基于已有信息的提问，有助于深度理解，从而发展思维的深刻性，把握生命成长的深刻内涵。语言知识学习中的语言现象归纳总结与案例分析，阅读中的深度讨论，写作中的文章修改等，皆有助于发展思维的深刻性品质，而对语言语义的理解，也有助于学生体验生命成长的深刻内涵。

如前所述，《英语》（高中，人教版）选修七第五单元*Travelling abroad*具有发展思维品质的优势，在这一单元的课文教学中可以着力发展学生的相关思维品质，促进学生体验思维品质发展的生长之美，实现思维品质的发展。如此分析，这一单元既具有促进生命成长的优势，也具有发展思维品质这一核心素养的优势，因而可以设定为营造生命成长之美与核心素养发展之美的课堂，促进学生生命与核心素养共同成长。以下是笔者在本单元教学中促进学生思维品质发展，同时引导他们体验生命成长之美的具体过程。

1 Paul, R., Elder, L. The Art of Socratic Questioning（像苏格拉底一样提问）[M]. 北京：外语教学与研究出版社. 2016; Elder, L., Paul, R. Asking Essential Questions（如何提问）[M]. 北京：外语教学与研究出版社. 2016.

2 陈晓云. 基于深度提问发展学生思维能力实践分析 [J]. 英语学习（教师版）. 2017（07）.

一、通过背景理解发展思维品质，体验生命成长的可能性

导入是教师从学生已经掌握的背景知识导出新知识的活动，激活背景知识，是导入的关键，要激活背景知识，不能只是进行浅表的讨论，还需要进行深度的讨论，但作为引导活动，不可能一开始就进入深层讨论，教师需要从浅层问题开始，引导学生逐步深入，直到通过深度讨论激活所有所需知识。这种讨论不仅可以引导学生感知思维发展的基础，更可以从问题中发现生命成长的各种可能。

*Travelling abroad*介绍中国学生谢蕾在英国留学期间的经历。在这一课例的热身导入环节，笔者就话题travelling abroad进行提问，首先提出最浅层次的问题："What is the topic of Unit 5?"（IQ1, IQ=initial question起问）用一简单问题询问单元主题，学生看教材集体朗读出单元主题Travelling abroad。笔者接着追问"For what do people travel abroad?"（FQ1, FQ=further question追问），此问题不是询问学生可以从课文中读出的出国原因，而是询问基于背景知识的出国旅行的目的，学生需要从不同的维度思考这一问题，从而使思维走向深刻，体验生命成长的可能。下面是多个学生的不同回答（S后加数字指学生回答问题的次数，整节课连贯标注，但不包括朗读）。

S1: For sightseeing.

S2: Learning.

S3: Business.

S4: Visiting family members or friends.

这一组回答充分说明，笔者的追问有助于拓展学生背景知识的广度。

参与这一节课的学生来自广州某重点高中，出国对他们并不

陌生，笔者课前了解到，学生基本都有随家人出国、出境旅游的经历，甚至有数名学生有出国短期学习的经历。显然，因为笔者所追问的不是课文内容，而是背景知识，学生给出的多种回答，是通过背景的广度发展思维的深刻性。

随后笔者提问"What are the advantages of learning abroad?"(IQ2)，询问出国学习的优势，这要求学生进行一定的判断，于是出现了多种不同回答：

S5: We can experience a different culture.

S6: We can meet different people.

S7: We can broaden our horizons.

S8: We can become more open-minded.

还有学生想回答，但这四种类别已经具有代表性了，笔者立马点评"Yes. Learning abroad has lots of advantages."，及时将学生的思考引向更深处。笔者继续提问"But we will definitely meet some difficulties. Can you imagine what difficulties in life you will meet if you learn abroad?"(FQ2)，询问学生出国可能遇到的困难，这是前一问题的反方向设问，形成提问的深度。这一问题要求基本没有出国留学经历的学生放开思维再回答，问题的深度到了想象的层面，笔者引导学生感知生命成长可能遇到的各种困难。

学生们给出各种回答：

S9: I will meet with cultural shock. I will come across language barrier.

S10: I will become lonely and homesick.

S11: I don't have anyone to take care of me if I'm sick.

S12: I have to adapt to a new life.

显然，对于思维能力已经高度发展的高中学生，教师提出更深度的问题，学生的思维就可以深入同一层次。

笔者在对不同观点进行点评后，随即将问题转向与学生生活、课文相关的方向，如“What about difficulties in learning?”（FQ3），学生的思考积极性充分调动起来，以下是一组学生的回答：

S13: I might not understand what the professors say.

S14: The way of learning might be very different.

S15: There may be different academic requirements.

教师的问题转到另一领域的深度，促使学生思考上述问题，学生思维的深度得到同步发展，成长的困顿体验也自然而出，不是刻意的苦难教育。笔者及时总结“Yes. You may meet with many difficulties, but you should try your best to find a way out. And today we are going to read about Xie Lei's story.”，引导学生准备进入课文阅读理解。

激活背景知识的问题，若只停留在浅表信息层面，则难以引导学生为理解课文深层意义做准备，难以激活学生已有的背景知识，在随后的读中、读后活动中，更难以发展学生思维的深刻性，也难以引导学生体验生命成长的基础。所以，教师必须通过不断追问使提问达到更深的层次，才可能形成深度理解与体验。

以上提问与讨论，不仅发展学生的思维品质，而且引导学生体验了出国可能遇到的困难，为下一步发现谢蕾的困难、寻找可能的对策，做好了铺垫。本节课对出国的目的、可能的优势与困难进行了深度讨论，尤其是对于困难的讨论，不仅激活了学生背景知识的广度与深度，同时也发展了学生思维的深刻性，为后续深入学习做好准备，培养了学生勇敢面对挑战、克服困难，从而实现生命成长的意识与能力。

二、通过内容理解，发展思维深刻性，体验生命成长的过程之美

在激活相关背景知识之后，笔者引导学生进入课文理解。课文理解内容丰富，从词汇与语句的基本语义，到逻辑联系，再到言

外之意，各种内容都有从浅表到深层的理解层次，教师可以通过不同层次的提问，促进学生思维深刻性的发展，体验在面对困难、克服困难的过程中生命的成长。

笔者首先提出最浅表的问题，对课文标题进行设问，并通过多次追问，引导着学生深度理解课文标题。

T: What is the title? (IQ3)

Ss: Keep it up, Xie Lei. Chinese student fitting in well.（学生们齐声读出课文标题。）

T: What can we learn about Xie Lei from the title? (FQ4)

S16: Xie Lei is learning abroad.

T: Is everything going well with her? (FQ5)

S17: Yes.

T: How do you know that? (FQ6)

S18: Because the title is "keep it up".

不过笔者没有就此止步，考虑到班里不同层次的学生，于是继续追问"What does 'keep it up' mean?"(FQ7)，并请英语学习有一定困难的学生回答，某学生回答(S19)"It means 'keeping a good situation'."。笔者感谢这位学生，并给予鼓励。显然，这一层次的问题很适合这名学生，也能促使他更多地参与课堂的讨论。

笔者引导学生进一步理解课文标题的其他部分，提出第四个起始问题"What about 'Chinese student fitting in well'?"(IQ4)，一学生回答(S20)"It means she has adapted to the life there."。

以上关于课文标题的提问，不仅加深了学生对课文标题的理解，为学生理解随后的课文奠定了很好的基础，而且通过层层递进的追问，也发展了学生思维的深刻性，强化了学生对于可能面对的学习困难的理解，使学生对课文标题不只是一扫而过，而是学着去要加深理解。

笔者呈现以下文章结构，引导学生理解段落大意。

表2-1
*Travelling abroad*文章结构划分

Part	Paragraph(s)	Main idea of each part
1		It is a brief __________ to Xie Lei.
2		It is about __________ in life and learning and how she __________.
3		It is about __________ she has made and her __________.
4		It is about __________ to Xie Lei.

笔者让学生扫读课文，然后回答问题“How many parts does the text include?”（IQ5），学生扫读后给出一致答案（S21）“Four.”；笔者马上追问“What are they?”（FQ8），一学生（S22）给出答案“Paragraph 1 is Part 1. Paragraphs 2 to 5 are Part 2. Paragraph 6 is Part 3 and Paragraph 7 is Part 4.”，笔者再追问学生是否有不同意见“Do you all agree? Are there any different division?”（FQ9），全班同意分段方案，无人给出不同意见。

这一追问尽管没有出现不同意见，但追问本身的作用依然是非常显著，因为可以引导学生形成精准阅读、精准回答的好习惯。接着笔者要求学生全面通读课文，写出段落大意。学生填写了不同内容，笔者引导学生展开讨论，形成以下全班认同的答案。

表2-2
*Travelling abroad*文章结构划分答案

Part	Paragraph(s)	Main idea of each part
1	1	It is a b brief introduction to Xie Lei.
2	2 ~ 5	It is about the difficulties in life and learning and how she overcame them.
3	6	It is about the progress she has made and her plans.
4	7	It is about the wishes to Xie Lei.

这一活动是对文章段落大意的总体把握，是随后深度提问的基础，正是在这样的基础上，学生思维的深刻性可以得到发展。课文较长，情节虽不复杂，但其中谢蕾面临的跨文化的学习困难，对多数学生而言比较陌生。对于这类课文，若不先进行整体把握，直接进入深度提问，学生难以真正进入深度理解，思维的深刻性难以发展，也难以体验生命成长。

在学生准确把握段落大意之后，笔者随即抛出各种问题，开始引导他们讨论文章内容。

T: Where do you think this article might have been published? (IQ6) Can you find a sentence to help us in Paragraph 2? (FQ10)

S23: Xie Lei, who is 21 years old, has come to our university to study ...

T: So? (FQ11)

S24: It might have been published in a college newspaper.

T: I agree with that. From which words did you get it? (FQ12)

S25: Our university.

正是这一连串的追问，使得学生准确地获得相关信息。笔者肯定上述学生答案后，继续设问，引导他们开始理解文章内容。

T: According to Paragraph 1, how did Xie Lei feel when she got her visa? (IQ7)

S26: She was very excited and nervous.

T: Why did she feel nervous? (FQ13)

S27: Because she didn't know what to expect.

T: What does "she didn't know what to expect" mean? (FQ14)

S28: It means she didn't know what would happen in the future.

T: Yes, it means she didn't know what her future would hold. But were there any other reasons for her nervousness? (FQ15)

S29: She left her families and friends and went to London alone.

She had no families and friends there.

这四轮问答使学生对基于语篇的语义形成了深层理解，准确获得了相关信息，从而发展了学生思维的准确性。因此，笔者再次设问，引导问题向纵深发展，同时让更多的学生参与讨论，将课堂氛围逐步推向高潮。

T: Yes. Was she used to going abroad? (IQ8)

S30: No. It was her first time.

T: What were Xie Lei's difficulties in her new life? (FQ16)

S31: She had to get used to a whole new way of life, which could take up all her concentration.

T: What does "take up" mean? (IQ9)

S32: It means she used a lot of time to get used to the new life.

T: We don't use time, but we spend time. She spent lots of time getting used to the new life.

That means adapting to the new life took up lots of her time. Then, here "take up" means ...? (FQ17)

S33: Occupy.

T: Good. So how did she overcome the difficulties in life? (FQ18)

S34: She learned almost everything again.

T: Yes, and from where did she get help? (FQ19)

S35: From a host family.

T: What help did she get from the host family? (FQ20)

S36: She got lots of good advice.

S37: She had the chance to learn more about the new culture.

S38: She had a substitute family.

这些追问对内容的深度讨论，引导学生形成了丰富的认知，准确获取相关信息的过程进一步发展了学生思维的深刻性。为了充分理解课文内容，课堂提问继续进行。

T: What can the substitute family offer her? (IQ10)

S39: They can offer her comfort.

T: What do you think the substitute family can't offer her? (FQ21)

S40: They can't offer her the warmth of a real family.

S41: They can't offer selfless love.

T: Yes. Maybe they can't offer unconditional love. I think no one will offer us unconditional love except our parents, for which we should be grateful. And how was learning also difficult for Xie Lei? (IQ11)

S42: Because studying in England is quite different from studying in China.

T: Who helped Xie Lei with her learning difficulty? (FQ22)

S43: Her tutor.

T: What did her tutor help her with? (FQ23)

S44: Her tutor helped her with how to write an essay.

T: How did she finish her first essay? (FQ24)

S45: She found an article she wanted on the Internet, made a summary of the article, revised the draft and handed in.

T: How did her tutor grade her essay? (FQ25)

S46: An E.

T: Do you think Xie Lei's way of finishing her essay has something to do with the education in China? (IQ12)

S47: Maybe.

T: How is it relevant? (FQ26)

S48: Students in China are not encouraged to express our own opinion. We are passive learners.

T: Yes. So I always encourage you to be a critical learner.

显然，不断的追问使学生可以通过深度的思考发现问题的本质，从而形成更为深度的准确理解，尤其是对困难本质的追问，有助于发展学生面对困难、发现本质原因的能力。

课文随后用较大篇幅介绍了外国教师给谢蕾的建议，但这一段文章的语篇标识词（discourse markers）对语义理解干扰较大，这种干扰或许是作者有意为之，或许是无意形成。深度分析这一组标识词与准确的语义间的关联，是非常难得的发展学生思维深刻性的机遇。于是，笔者就课文中一处重要内容提问：“What advice did the tutor give Xie Lei?” (IQ13)

鉴于学生对这一内容理解有一定的困难，笔者给出两种结构图，然后再向学生提问：“Which mind map shows the structure of the advice? (IQ14) Read and discuss with your partner. Then give your reasons.”

表2-3
Tutor’s advice的可能结构

<table>
<tr><th colspan="2">Structure 1</th><th colspan="3">Structure 2</th></tr>
<tr><td rowspan="4">Tutor’s advice</td><td>First of all …</td><td rowspan="4">Tutor’s advice</td><td>First of all …</td><td></td></tr>
<tr><td>Besides …</td><td rowspan="3">Besides …</td><td>First …</td></tr>
<tr><td>Then …</td><td>Then …</td></tr>
<tr><td>Finally …</td><td>Finally …</td></tr>
</table>

在直观的结构图帮助下，学生能非常流畅地说出自己的看法。

S49: I agree with the second one. First of all, Xie Lei should show thanks to other authors. Besides, “What other people thought was not important. He wanted to know what I thought.” That means the tutor thought Xie Lei should express her own opinion. Then, the tutor explained how Xie Lei could express her own opinion. First, she should read a lot and analyse. Then, she should give her opinion and explain. Finally, she was encouraged to contradict other authors.

T: Do all of you agree with him? (FQ27)

此时笔者发现一位学生举手，遂请他回答。

T: What is your opinion? (FQ28)

学生（S50）表示要画出自己理解的结构图。

表2–4
学生呈现的Tutor's advice结构图

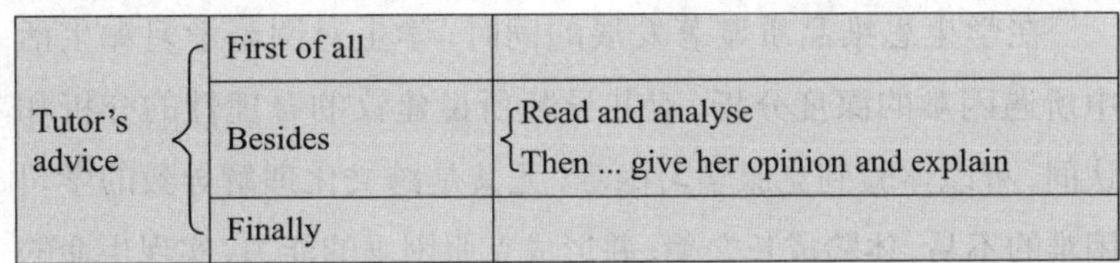

Tutor's advice	First of all	
	Besides	Read and analyse Then ... give her opinion and explain
	Finally	

笔者感谢S49的回答和S50的表现后，让全班学生关注S49所表达的最后一条建议，contradict the author不属于教授建议的give her opinion，笔者就此询问全班学生："Is there any different questions? Do you all agree with him?" (FQ29)

S51（表达不同意见）: I don't think so. Contradicting the author is also about how to express her own opinion. And it is more difficult than "give my opinion and explain". That's why the writer use the word "even" here. This word tells us "finally" should parallel "then" instead of "besides ...".

笔者感谢这位学生发言后，再询问是否还有不同意见，然后告诉学生们自己同意第三位学生的意见，同时展示自己理解的结构图。

表2–5
教师呈现的Tutor's advice结构图

Tutor's advice	First of all	Show acknowledgement
	Besides, be a critical learner, express her own opinion	Read and analyse
		Then, form her own opinion and explain
		Finally, contradict the author's opinion

笔者明确告诉学生，这里first of all对应的是besides，不是then和finally，这里很容易出现理解错误。

这一段讨论尽管用时较长（大约6分钟），但通过引导学生深度理解文章内容，发现语言结构关联下的语义关联，形成准确理解，非常有效地发展了学生思维的深刻性。深度分析，使学生发现这些困难，其实不一定都是困难，尤其不是自己想当然的困难，这对发展学生面对困难的态度与应对能力非常有帮助。

在学生思维品质显著发展的同时，学生对谢蕾学习和生活中所遇困难的深度分析，对其导师所说建议的合理性的分析和认同，可以体验到克服学习困难，尤其是跨文化理解导致的学习困难的不易，体验成长之美，并形成克服困难的能力，实现生命的成长。

课文结尾笔者依然通过设问，引导学生进一步完成全文理解。

T: So what's Xie Lei's progress in learning? (FQ30)

S52: She's now a more autonomous learner.

T: What's "an autonomous learner" like ? (FQ31)

S53: An autonomous learner should be an independent learner.

S54: An autonomous learner should be an active learner.

S55: An autonomous learner should be a critical learner.

S56: An autonomous learner should be self-motivated.

S57: An autonomous learner should be self-managed.

S58: An autonomous learner should be self-disciplined.

T: Yes. So only when you're an autonomous learner can you really learn well. Ask yourself if you are an autonomous learner. See what you can improve.

笔者在黑板上完成以下板书：

An autonomous learner
- an independent learner
- a critical learner
- an active learner
- a self-motivated learner
- a self-disciplined learner
- a self-managed learner
- ...

图 2–1
An autonomous learner
的表现

这一组讨论引导学生深度分析文本，并结合自己的英语学习经历和相关背景知识，深度展开讨论，形成丰富理解，在广度与精准度上发展思维的深刻性，发展自主把握生命发展机遇的意识和能力。

三、通过建构价值意义，发展思维深刻性，体验生命成长的意义之美

在全面理解课文之后，笔者引导学生进入深度讨论，帮助学生深度理解文章的意义。

T: At the end of the news report, the writer says "She deserves to succeed." Why does Xie Lei deserve to succeed? (IQ15)

S59: She was active to adapt to the new way of life. She learned almost everything again. She got help from the host family.

S60: She was brave to face a new life. Though she stayed in London without families and friends, she was not scared. She tried her best to overcome the problem.

S61: She was enterprising. When she got an E in the essay, she asked for advice from the tutor instead of just keeping silent.

S62: She's very adaptable. Now she feels more at home in London and has become an autonomous learner.

S63: She's active in after-class activities. She's going to join a few clubs and make some new friends.

T: Yes. Now let's make a summary. If we want to fit in well when learning abroad, we need to be ...? (FQ32)（引导学生思考在同样情境下自己应怎么应对）

S64: Independent.

S65: Psychologically strong.

S66: Adaptable.

S67: Active.

S68: Hard-working.

S69: Be an autonomous learner.

最后，笔者引导学生得出结论：要学习谢蕾的做法，也要做好

准备，尽可能避免谢蕾遇到的困难，从而取得更多的成功。这一组讨论使问题更具有广度和高度，能促进学生思维深刻性的发展，问题非常显性地关注生命的成长，能帮助很多具有同类困难的学生，非常直接地实现各自的生命成长；对于不具有同类困难的学生，则更多地发展他们冷静面对困难，分析他人及自己的行为，以及努力克服困难的能力。

在这一课例中，笔者提出的追问问题（32个）远远多于起始问题（15个），由此形成了学生给出丰富回答的可能，对47个问题给出69次回答，从而使生命成长之美的体验以及思维深刻性的发展的体验具有可能。

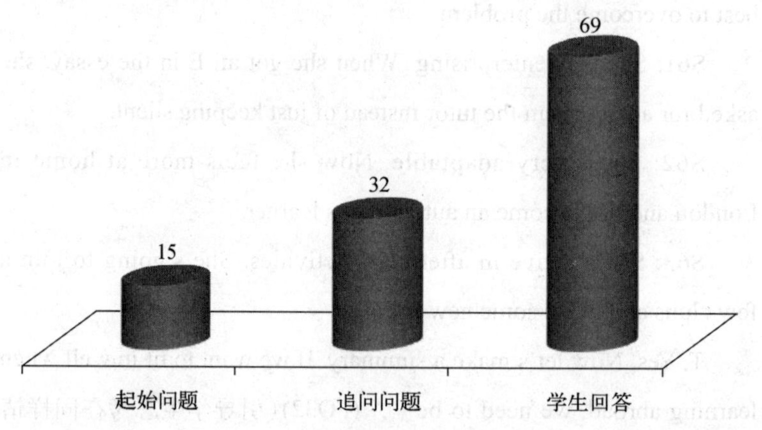

图2-2
不同类型问题数量与学生回答次数

这一课例说明，在课文阅读理解教学中，教师预先设计的追问，以及过程中产生的生成性追问，促使学生在信息获取的过程中不断发展思维的深度，非常显著地促进学生思维深刻性的发展，引导学生深度体验生命成长之美。

这一课例更是促进学生学习如何面对困难，尤其是跨文化理解导致的困难，体验走出困难，实现成长之美。

显然，这一课例既促进了学生的生命成长，也促进了学生思维品质的成长。我们相信，只要我们做一个愿意、敢于、善于营造英语课堂成长之美的教师，我们就可以找到促进生命与核心素养共同发展的机遇，促进学生生命成长和核心素养发展，使英语课堂的成长之美更为灿烂。

这一课例也是生命成长与素养发展相结合的典型，既显著地发展了学生思维品质，也有效地引导了学生的生命成长，同时还有效地提高了学生的语言能力，尤其是阅读理解能力。

第三节　营造英语课堂语言发展之美

英语学科核心素养的基础是语言能力，英语课堂之美必然要促进学生语言能力的发展。英语课堂促进学生通过体验英语语言能力成长之美而实现英语能力的发展，需要从各个方面进行。此处限于篇幅，我们选择两项内容进行讨论：一是在英语课堂促进学生表达观点能力的发展；二是英语课堂非常广泛存在的语法教学。

一、营造课堂之美，发展学生表达观点的语言能力

表达观点是高中学生所需的基本语言能力，无论是书面表达，还是日常口语表达，或者是高考新增口试的表达，都需要学生发展表达观点的语言能力。表达观点的能力需要具有表达力、说服力，需让学生先观察、体验、发现语言的力量之美，然后学习运用语言的力量之美实现表达，以此实现语言能力的发展，实现语言发展之美。

如何发展学生表达观点的能力？聚焦这个问题，中心词有两个，一是“观点”，学生必须对讨论的话题有一定的看法，能形成观点、立场或态度；二是“表达”，学生必须能摆明自己的观点、立场或态度，并依靠论据进行论证，逻辑清晰且言之有理，使自己的观点令人信服。

课堂是大部分学生学习的主阵地，阅读是英语课堂的主要课型。因此，我们认为，依托教材，随文训练，从读、说、写三方面来设计活动，是培养学生表达观点能力的有效途径。笔者在实践中常用以下三个步骤，促进学生表达观点语言能力的发展。

1. 发展学生解读课文所表达观点的能力，发现语言力量之美

任何课文都有观点，哪怕是说明文，也是说明如何操作更加合理，或者才能有效理解、使用、运行所说明对象。课文的观点有些是明确说明，有些则不明确说明。对于明确说明观点的课文，我们应让学生直接找出观点，理解课文如何说明观点。对于课文观点没有说明的，我们要引导学生找出课文中相应的语句，这些语句是整篇课文主题的升华，是整个篇章的题眼。而且，不同的人生体验会对这些主题有不同的解读，我们不应该用统一的标准解读这些观点。

比如针对《英语》（高中，人教版）选修七第一单元*Marty's story*一文里的“My motto is: live one day at a time.”，课堂上我们可以设问“What does Marty's motto mean?”“Why do you think he develops such a motto?”“How does the motto help him?”；又比如针对选修九第一单元*The road is always ahead of you*一文里的“There is only one perfect road. It is ahead of you, always ahead of you.”，我们可以追问学生“What does it mean to Ashrita Furman? What does it mean to you?”，等等。通过这些追问既使学生对课文的细节和主题有更深入的理解，也使课文的主题和学生个人的生活经历结合起来，产生移情共鸣的效果，催生表达的欲望。

2. 发展学生辩证思考的能力，引导学生体验语言力量之美

辩证的表达可以很好地体现表达观点的语言之美，我们可以在一个语篇中辩证地表达观点，甚至可以在一个语句里体现这一语言形成的力量之美。辩证思考使个人的观点不失公允，令人信服。教材为我们培养学生这一能力提供了很好的素材，比如，《英语》（高中，人教版）选修六第四单元 *The earth is becoming warmer—but does it matter?* 和选修八第二单元 *Cloning: where is it leading us?* 两篇文章对比各方观点，以开放性问题为标题，在教学时可以“阅读—讨论—写作”为流程，引导学生对各方观点进行分析评价，形成观点交锋，拓展学生思考的维度和空间，还可以把话题从课内引向课外，对是否应该禁止校园恋爱、禁止学生带手机到校等学生比较关注却没有定论的话题进行讨论或辩论，在这过程中帮助学生比较不同观点，审视观点背后的论证基础和观点形成的合理性，培养学生辩证开放的思维能力。

3. 培养学生质疑发问、表达观点的能力，实现学生语言能力发展之美

善于发现问题、思考问题是形成观点的关键。英语课堂要跳出教师分析课文下结论、学生记笔记死背诵的路子。我们可以结合阅读内容，让学生的主体思维参与到课堂，鼓励学生对课文内容生疑、设疑、答疑，逐渐培养学生提出问题、分析问题和解决问题的能力。比如学生们认为所用教材有些内容是过于简单武断，必修三第二单元 *Come and eat here* 一文提到，Yong Hui的饭店只提供rice、raw vegetables served in vinegar和fruit and water，却食客盈门。我们应该允许学生质疑或引导学生质疑这在现实生活中有无可能，为什么可能或为什么不可能。

如何培养学生的质疑能力，可以参考台湾学者陈龙安先生总结出来的创造性发问技巧的“十字口诀”：假、列、比、替、除、可、想、组、六、类。即：(1)“假如”的问题，要求学生对具体假设的情境加以思考；(2)“列举”的问题，举例列出符合某一条件或特性的事物或资料，越多越好；(3)“比较”的问题，就两项或多项资料特征的关系比较其异同；(4)“替代”的问题；(5)“除了”的问题，针对原来的资料或答案，鼓励学生突破常规，寻找不同的答案；(6)“可能”的问题，要求学生利用联想推测事物可能的发展，或做回顾与展望；(7)“想象”的问题，鼓励学生充分运用想象力设想未来的事物；

(8)“组合”的问题，给学生提供一些资料，要求学生加以排列组合成另外有意义的资料；(9)“六W”问题，利用英语中who(谁)、what(什么)、why(为什么)、when(何时)、where(何地)、how(如何)作为发问的题目；(10)“类推”的问题。

《英语》(高中，人教版)必修一第五单元*Nelson Mandela—a modern hero*、必修四第一单元*Women of achievement*和必修五第一单元*Great scientists*都是描写伟大人物及其事迹的话题，我们可以通过这些问题：“What contributions did they make?”“What qualities did they have in common?”“What made them great?”“In your opinion, what makes a great person?”“Do you know any other person who you think is great?”等，引导学生对这些人物进行横向比较，对比异同，帮助学生对“何为伟人”这个问题逐步形成自己的观点，并能根据文章介绍的事迹举例论证。最后，可以布置学生以“What makes a great person?”为题，写一篇短文，短文必须包含三部分：论点、论据和结论。再如，在学习完必修三第二单元*Healthy eating*和选修六第三单元*A healthy life*后，可以引导学生就“What is a healthy life?”进行思考，引导学生从饮食、生活习惯、心理状态等方面进行论述。

质疑只是观点表达的开始，质疑之后，基于在第一、第二步所形成的语言能力，我们让学生表达自己的观点，从而实现语言能力发展之美。

显然，这些活动告诉我们，营造英语课堂生命之美可以根据课文优势进行，可以引导学生在具有体验生命生长之美优势的课文学习中，体验生长之美，实现生命成长与发展。

二、营造课堂之美，发展学生英语语法知识

如果说，生命成长是英语课堂成长之美最灿烂的花朵，核心素养发展是英语课堂成长之美最具有生命力的花朵，那么，英语

语法知识认知的丰富与发展则是英语课堂成长之美最朴实的花朵。

英语语法知识，似乎越来越被认为是高中英语课堂最不重要的内容，然而，没有英语语法知识这一基础，英语课堂就名不副实了，因为没有英语语法知识的认知，就没有英语技能的发展，英语运用能力就是无本之木，英语学科核心素养就是无源之水。英语课堂不可能没有英语语法知识，我们真正需要思考、需要解决的是，如何进行英语语法知识教学，或者说如何引导学生开展对英语语法知识的认知。本节课以语法知识讲授为例展开探讨。

根据笔者这些年来与各地同行的交流和各种听课所得，笔者发现，英语教师对于语法教学具有以下三项基本共识。

第一项共识：语法教学是课堂必须。英语教师对于必须开展语法教学并无争议，至少笔者接触的教师并无人真正否认语法教学的重要性。上一轮基础教育英语课程改革初兴时，整个英语教学的确有过一段时间的惶惶不安和不知所措，很多旧的方法被否定，但新的途径尚未明朗，处于已破未立的阶段。但随着基础教育英语课程改革的深入，各种培训、研讨课的增加，教师们大多能较好地领会《英语课程标准》的精髓，并探索出一些实践经验，形成了新课程改革下的语法教学方法，甚至模式，慢慢踏实自信起来。

第二项共识：语法不仅仅是知识，更是能力。语法固然是一种语言知识，但更是一种语言能力，甚至可以说是听、说、读、写、译之外的第六种语言技能。除语言学家外，大多数人学语法的目的是为了提高自己准确得体地运用语言的能力。相当多的英语专业毕业的年轻教师，大学期间都曾主修过拉森·弗里曼（Diane Larsen-Freeman）的《语言教学：从语法到语法技能》（*Teaching Language: From Grammar to Grammaring*）。教师们普遍能认同语法是能力、是技能，年轻教师更是如此。

第三项共识：语法教学具有多种有效模式。十多年的新课程发展使语法教学具有有效模式越来越成为教师开展语法教学的共识。“感知—发现—体验—运用”是目前比较常用的语法教学模式。在实践中，隐性教学和显性教学相结合，但隐性教学更普遍，演绎法和归纳法并存，但归纳法更常见。教师们普遍能意识到，语法教学需依托语境，强调运用，以话题为主线，以情景为载体，以活动为核心，关注学生“输入—吸收—输出”的过程，实现形式、意义和使用的统一，使文化和语言交融，知识和技能共长。

坦率地说，英语语法知识之美很容易看到，但在英语语法知识的教学之中，如何引导学生体验英语语言之美，并非易事。笔者和同事在语法教学中进行了诸多尝试，希望引导学生通过对英语语言知识的认知，体验英语语法知识之美，更为重要的是，体验英语语言知识认知的发展之美，从而掌握英语语法知识，形成语言知识运用能力（下面以笔者的一节语法课为例）。

表2-6
高一Direct Speech and Indirect Speech教学设计

执教者	陈晓云	学校	广州大学附属中学
所用教科书书名	《英语》（高中，人教版）		
所教年级	高一	所教模块、单元	必修一第一单元
教学内容	直接引语和间接引语		
教学目标			
通过本节课的学习，学生： 1. 能根据所提供的语境将陈述句、疑问句和祈使句的直接引语转述为间接引语； 2. 能在问题和答案的提示下使用间接引语复述 *Snow White* 的故事片段； 3. 能通过例句分析、同伴讨论，归纳直接引语转间接引语时在连接词、时态、指代等方面的变化规则； 4. 能通过对比例句、思考判断，初步了解直接引语和间接引语的不同语用功能； 5. 能在提示问题的帮助下用间接引语写报道。			

（续表）

教学过程
Step 1 (5 minutes) Teacher invites students to watch a video clip of *Snow White*, and write out the missing words of the script. Part I Doc: Hey, Miss, __________, please! We're lost. Snow White: Oh, you're lost? Yoyo & Doc: Yes! Snow White: Oh, what's your name? Yoyo: I'm Yoyo. I like traveling. Yes, I like traveling. Doc: And I'm Doc Croc. Call me Doc. Yoyo: May I konw your name? Snow White: My name is Snow White. I'm a princess. Doc: __________? Snow White: The queen, my stepmother, __________. I have to flee to the forest. Queen: Mirror, mirror on the wall, who's __________ of them all? Mirror: It's you, of course, my queen. Queen: Wonderful! I'm the most beautiful in the world! Part II Guard: Your highness, a prince __________. Queen: A young prince? __________. Prince: Your highness, I know your daughter is very beautiful. Her skin is white, her lips are red, and her hair is black. She's the fairest of them all! Could you let me __________, your highness? Queen: Well, she was the fairest of them all. But ... Prince: But what, your highness? Queen: Oh, she, she __________ by a beast in the forest! Prince: Oh, no! I can't believe it! So sad! 目的：引导学生通过艺术与文学审美体验，体验英语语言之美，并归纳陈述句、疑问句和祈使句三种直接引语的形式。 Step 2 (10 minutes) Teacher asks students to read the scripts and answer the following questions. Part I 1. What did Doc ask Snow White to do at the beginning of the story? 2. What did Doc want to know?

（续表）

教学过程
3. What did Snow White answer? 4. What did the queen ask the mirror? Part II 1. What did the guard tell the queen? 2. What did the queen order the guard to do? 3. What did the prince ask the queen? 4. What did the queen say about Snow White? 目的：引导学生基于文本进一步体验英语语言知识之美，并根据具体语境进行将直接引语转为间接引语的操练，从而在听问题、阅读问题、回答问题时，体验直接引语、间接引语所展示的英语语言知识之美。 Step 3 (5 minutes) Teacher asks students to work in pairs and retell Part I and Part II of the story. Students try to share their retelling with the whole class. 目的：运用间接引语建构语篇，体验直接引语、间接引语等所展示的英语语言知识之美，更为重要的是，体验自己基于直接引语、间接引语的认知而形成的直接引语、间接引语运用能力发展之美。 Step 4 (10 minutes) Teacher invites some average students to sum up the typical sentences with direct speech and indirect speech. Teacher invites some top students to revise the previous summary. Teacher asks students to discuss in groups: Why do we need direct speech and indirect speech? What makes them different? She said, "I don't want to set down a series of facts in a diary as most people do, but I want this diary itself to be my friend." She said that she didn't want to set down a series of facts in a diary as most people do, but she wanted that diary itself to be her friend. (The two sentences are from the text students just learnt in this unit.) Teacher helps students to check their findings. 目的：培养学生的语用意识，知道语法规则，更要知道如何运用目标语法，让学生显性感知直接引语、间接引语的语言运用之美，体验直接引语、间接引语的认知发展之美。 Step 5 (10 minutes) Teacher asks students to write a report based on the following information. 你在电视新闻中看到以下嫌疑犯和警察的对话，请根据后面的问题提示，给FSC (Foreigner Students in China) 微信公众号写一则报道，使更多人能了解案件的细节。

（续表）

教学过程
"At the time the murder was committed, I was traveling on the 8 o'clock train to London," said the man. "Do you always catch such an early train?" asked the inspector. "Of course I do," answered the man. "I must be at work at 10 o'clock. My employer will confirm that I was there on time." "Would a latter train get you to work on time?" asked the inspector. "I suppose it would, but I never catch a later train." "At what time did you arrive at the station?" "At ten to eight. I bought a paper and waited for the train." "And you didn't notice anything unusual?" "Of course not." "I suggest," said the inspector. "That you are not telling the truth. I suggest that you didn't catch the 8 o'clock train, but you caught the 8:25 train which would still get you to work on time. You see, on the morning of the murder, the 8 o'clock train didn't run at all. It broken down at Ferngreen Station and was taken off the line." Questions for reference: What did the man say he was doing at the time the murder was committed? What did the inspector ask him? Did the man say that he did or that he didn't? At what time did he have to be work? (because) What would his employer confirm? What did the inspector ask him then? What did the man suppose? Did he ever catch a latter train? (but) What did the inspector ask? At what time did the man say he had arrived at the station? What did he do there? (He added that he ...) What did the inspector ask him? Did the man say that he had or that he hadn't? (When the inspector asked him ... the man) What did the inspector suggest? What did the inspector point out? 目的：促进学生直接引语、间接引语运用能力的发展，体验直接引语、间接引语运用能力发展之美，实现语言知识认知、语言运用能力发展。
教学目标和教学设计的思路和依据
在确立教学目标和设计教学过程时，教师主要思考以下四个方面的问题： 1. Why do the students need to learn the target grammar?

（续表）

<table>
<tr><th>教学目标和教学设计的思路和依据</th></tr>
<tr><td>(1)基于实际交际需要。日常交际，不管是口头或书面，都会遇到需要转述别人话语的需要，而甚少会遇到把间接引语还原为直接引语的实际需求。
(2)基于考情。转述能力是广东高考口语Part 3 Retelling考查的能力之一。
基于以上两方面，本节课把培养学生的转述能力作为核心授课内容。
2. In what way should I guide the students to learn the target grammar?
(1)课程标准：普通高中新课程要求高中英语语法教学要自始至终地体现以运用为前提，以运用为目的的教学过程。
(2)学情：所执教班级为奥数班，整体英语基础较好，学习主动性较强；乐于参与课堂活动表现自我，排斥过多的教师讲解，排斥刻板的操练模式。
因此本设计希望能避免过多的语法规则讲解，做到突出语法教学的趣味性、实践性和互动性，提供情景、语篇，让学生在完成听、说、读、写的任务中培养转述的能力。
3. Does the material in the textbook provide enough access to the objective?
学生在初三已经专门学习过直接引语与间接引语，这个语法项目在高一为复习项目。教材的安排是第一单元复习转述直接引语为陈述句和疑问句，第二单元复习转述直接引语为祈使句。因此，执教者整合教材，在一个课时内完整复习整个语法项目。教材虽然附有操练练习，但以单句为多，缺乏语境和语篇的支撑，比较单调枯燥。执教者将动画片《白雪公主》的视频片段和新概念第二册第87课作为教学素材，放弃教材的单句练习，以增加课堂趣味性，提供运用目标语法的语境和语篇。
4. Is “lead-in” needed?
考虑到学生本身学习热情较高，并对该语法项目已基本掌握，课堂第一个任务就是观看电影片段，能调动学生的积极性，所以执教者认为导入环节没有必要。</td></tr>
<tr><th>教学反思</th></tr>
<tr><td>这是一节市教研员听课的调研课，听课的教研员评定本节课为优秀。根据教研员点评和执教者的反思，本节课的主要优缺点简述如下：
1. 能根据实际情况适当增补教学资源，教学目标设置比较合理；
2. 没有过多的语法规则讲解，没有割裂的单句机械操练，而是重在运用，课堂生动有趣，能吸引学生；
3. 在Step 5，执教者能有意识地培养学生的语用意识，听课的教研员特别肯定这个环节。从学生输出判断，本节课能较好地完成前四个教学目标；
4. 学生在复述故事时纠错环节需要更艺术化处理；
5. 最后环节对发展生难度太大，完成任务时间太短，部分学生很难在规定时间内写出一篇合乎规范的英文报道。</td></tr>
</table>

（续表）

教学设计的修改
执教者在实际教学中发现，最后的写作任务对发展生难度太大，学生普遍缺乏英语新闻报道写作特点的背景知识；此外，执教者课后也发现一开始设定的任务里“本市”和对话发生地点不一。因此，如果再次上这一内容的课，执教者将把此任务修改成一个自测环节，以书面形式当堂测试本节课的教学效果。 请根据以下对话补全短文所缺信息。 “At the time the murder was committed, I was traveling on the 8 o’clock train to London,” said the man. “Do you always catch such an early train?” asked the inspector. “Of course I do,” answered the man. “I must be at work at 10 o’clock. My employer will confirm that I was there on time.” “Would a latter train get you to work on time?” asked the inspector. “I suppose it would, but I never catch a later train.” “At what time did you arrive at the station?” “At ten to eight. I bought a paper and waited for the train.” “And you didn’t notice anything unusual?” “Of course not.” “I suggest,” said the inspector. “That you are not telling the truth. I suggest that you didn’t catch the 8 o’clock train, but you caught the 8:25 train which would still get you to work on time. You see, on the morning of the murder, the 8 o’clock train didn’t run at all. It broken down at Ferngreen Station and was taken off the line.” A murder happened last night in the city of London, and the police arrested a suspect. However, the suspect denied committing the murder. He claimed that __________. When the inspector asked him __________, the suspect said he did because he __________. The inspector then asked the suspect __________. The man supposed it would but he never __________. So the inspector questioned him __________ and he answered __________, adding that __________. After hearing what the suspect said, the inspector suggested that __________ and pointed out that __________.

显然，在这一课例中，学生对于语言知识的认知，基于语言知识认知的语言运用能力有了明显的发展，学生在这一学习过程中，体验到了语言知识认知发展之美，也体验到了语言运用能力发展之美。这种语言知识认知发展的体验似乎稀松平常，但这其中基于语境和真实语用的转述活动、对于语言结构的自主归纳、对于语

言运用目的的探讨，都可以引导学生形成对于语言知识之美、语言知识认知发展之美的深度体验，是非常具有课堂之美的语言知识教学。更为重要的是，学生的语言知识运用能力也得到显著发展，从而实现了营造英语课堂成长之美的目的，即学生的发展。

以上课例所显示的语言能力的发展，彰显了英语课堂促进学生语言能力发展之美，呈现了营造英语课堂成长之美的有效方式。这节课的反思也为教师带来了教学之美、专业发展之美的体验，不过正如绪论中所说，教师的审美体验是课堂之美的伴随性产品。

第三章

人之美：英语课堂的人格美

Hamlet (Act Ⅱ Scene ii)

《哈姆雷特》(第二幕第二场)

William Shakespeare

威廉·莎士比亚

What a piece of work is a man, how noble in reason, how infinite in faculty, in form and moving how express and admirable, in action how like an angel, in apprehension how like a god—the beauty of the world, the paragon of animals![1]

人类是一件多么了不得的杰作！

多么高贵的理性！

1 William Shakespeare. Hamlet (哈姆雷特) [M]. 南京：译林出版社. 2017.

多么伟大的力量！
多么优美的仪表！
多么文雅的举动！
在行为上多么像一个天使！
在智慧上多么像一个天神！
宇宙的精华！
万物的灵长！[1]

作者说明：威廉·莎士比亚（William Shakespeare，1564—1616），英国文学史上最杰出的戏剧家，欧洲文艺复兴时期最重要、最伟大的作家，全世界最卓越的文学家之一。

英语课堂是教育的课堂，是学生发展的课堂，学生的外在维度很多，而内在维度的核心之一是人格，英语课堂之美的核心之一也就是其人格之美。

我们在第一章中曾经指出，品格是一个人的价值取向，是人与自我、人与人、人与自然的关系。此处讨论的人格与品格在中文表达里都有一个“格”字，似乎有着某种关联，但其实不然。人格是指一个人的整体的精神面貌，指人所具有的与他人相区别的独特而稳定的思维方式和行为风格，可以表现为一种自我意识和自我控制能力，是具有一定倾向性的和比较稳定的心理特征的总和。在英文表达中，品格是character，人格是personality，是两个有些许联系但不同的概念。人格不涉及他人，是个体自己的思维和行为方式。在品格中，人与自我的部分与人格有一定交叉，但人与他人、人与自然的部分，则与人格没有直接关系。品格是道德判断的基础，人格则不是。品格不是思维与行为方式，但人的行为中有品格表现；日常生活中大部分的基本生存性行为，如饮食等，与品格无关。

1 （英）William Shakespeare 著.哈姆雷特［M］.朱生豪译.南京：译林出版社.2017.

一个人的人格是在遗传、环境、教育等因素的交互作用下形成的。不同的遗传、生存及教育环境，形成了各自独特的心理特点。在人格的形成与发展中，既有生物因素的制约作用，也有社会因素的影响作用。人格作为一个人的整体特质，既包括每个人与其他人不同的心理特点，也包括人与人之间在心理、面貌上相同的方面，如每个民族、阶级和集团的人都有其共同的心理特点。人格是共同性与差别性的统一，是生物性与社会性的统一。人格决定一个人的生活方式，甚至决定一个人的命运，因而是人生成败的根源之一。当面对挫折与失败时，坚强者能发奋拼搏，懦弱者会一蹶不振，这就是人格功能性的表现。所以，我们也可以在心理学上将人格定义为个人在适应环境的过程中所表现出来的系统的独特的反应方式，它由个人在其遗传、环境、教育等因素交互作用下形成，并具有很大的稳定性。

人格之美在于人格的力量。营造英语课堂的人格之美，引导学生体验英语课堂的人格之美，目的在于引导学生自我塑造，形成积极的人格，从而积极生活，积极发展，积极建设社会。

第一节　营造英语课堂人格之美的基本原则与方法

英语课堂促进学生人格发展的基本方法是体验法，因为人格的养成百分之百是自我的内在过程，而外在的英语课堂所起作用，就是让学生基于内在驱动力，在英语课堂上体验到人格之美，进而感受到人格之美，并认同积极人格，最后主动内化养成积极人格。

一、营造英语课堂人格之美的基本原则

人类自古以来就重视促进青少年人格发展，并形成了诸多相

关原则。基于人格教育的基本原则，营造英语课堂人格之美、促进学生积极人格发展，需遵循以下基本原则。

1. 以人为本原则

人格本来就是人之格，所以以人为本是其基本原则，也是其核心原则。在营造英语课堂人格之美、促进学生积极人格发展中，以人为本的原则有三层内涵：其一是尊重学生的主体性，以学生的发展为基础；其二是以学生的人性发展为基础，而不是以学生的非人性（如工具性）发展为基础；其三是以学生作为人类个体促进人类整体发展的人性为基础，而不是只以学生作为人类个体的发展为基础，也不是以为了人类整体发展而不惜牺牲个体的人性为基础。只有这样营造英语课堂人格之美，促进学生积极人格发展的课堂，才是真正能展示英语课堂人格之美，促进学生积极人格发展的课堂，只有这样的人格之美，才是英语课堂应该体现的，引导学生形成审美体验的人格之美。

2. 阶段性原则

人格是人的一种心理特征，人的心理发展具有显著的阶段性，嗷嗷待哺的婴儿不可能具有耄耋老人的心理特征，少年残疾者不可能有数十年残疾者的心理特征，高三学生不可能有现在初一新生的心理特征（即使有自己当年初一的心理特征，也会与今日初一新生的心理特征有很大区别）。

所以，人格发展必须遵循阶段性原则，很多学者对其有深度研究，形成了诸多成果，如埃里克森（E. H. Erikson）提出的著名人格发展八阶段理论（如下表）。

表3-1 埃里克森人格发展八阶段理论

阶段	年龄	人格特性
婴儿前期	0～1.5岁	信任—怀疑
婴儿后期	1.5～3岁	自主—羞耻
幼儿期	3～6岁	主动—内疚
童年期	6～12岁	勤奋—自卑

（续表）

阶段	年龄	人格特性
青少年期	12～18岁	角色同一—混乱
成年早期	18～25岁	亲密—孤独
成年中期	25～50岁	繁衍—停滞
成年后期	50岁以后	完善—失望、厌恶

尽管对于到底分为多少期、如何分期，不同心理学家有不同观点，但人格发展具有阶段性，则是共识。所以营造英语课堂的人格之美，也需要基于其阶段性的原则。尽管初中生、高中生大致处于同一时期，但两者还是会有很多阶段性不同。

3．社会性原则

人是社会的动物，没有人能真正离开社会而存在，即使独居山村，也是基于人类已有文化的生存。所以营造英语课堂的人格之美，必须促进学生向社会性人格的发展。

同时，社会也影响人类个体的人格发展，社会影响也必然深度影响英语课堂的人格之美。营造英语课堂的人格之美，必然要考虑社会影响。

4．渐进性原则

人格具有很强的稳定性，任何人格特征都不可能是一朝一夕形成的，不是一节课能形成的，甚至不是一个单元的教学能形成的。在英语课堂中，教师只能引导学生体验人格之美，在认同其美之后，学生则会在较长的时间内逐渐发展，形成稳定的人格特征。所以，营造英语课堂的人格之美，要遵循渐进性原则，持之以恒，潜移默化。

5．整合性原则

英语课堂是学生通过英语学习实现发展的课堂，学生的人格发展也需要通过英语学习实现。营造英语课堂的人格之美，要将人格之美的发展，与学生的英语学习整合，达到人格发展与英语学科核心素养发展的整合，在英语学习之中实现人格发展。

二、营造英语课堂人格之美的基本方法

营造英语课堂的人格之美、促进学生积极人格建构，与营造英语课堂的品格之美的基本过程大致相同，如下：

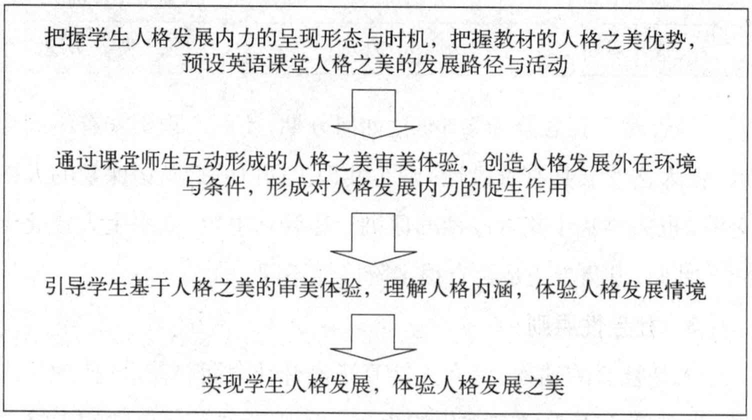

把握学生人格发展内力的呈现形态与时机，把握教材的人格之美优势，预设英语课堂人格之美的发展路径与活动

通过课堂师生互动形成的人格之美审美体验，创造人格发展外在环境与条件，形成对人格发展内力的促生作用

引导学生基于人格之美的审美体验，理解人格内涵，体验人格发展情境

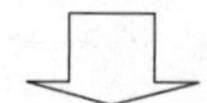

实现学生人格发展，体验人格发展之美

图 3–1
高中英语课堂营造人格之美的基本教学方法

对以上各个步骤的说明，可参考本书第一章第一节的相关说明，此处不再赘述。由于人格发展更加偏重于自我，其具体方法与品格发展有诸多不同，主要分显性发展、隐性发展两大路径。

1. 基于显性的体验人格之美的活动，营造英语课堂人格之美

促进学生人格发展的英语课堂，必须从学生内在发展动力起步，学生自己愿意建构相关人格，才可能由此开始积极人格的建构，然后在课堂环境中建构相关人格。从课堂的外在作用而言，情境创设非常重要，因为情境才能引导学生发现、理解人格的必须性与必需性，从而自主发展人格。

教师要引导学生人格发展，应了解相应的人格内涵，尤其是促进积极人格发展的有效方法。人格发展是积极的人格发展，需要把握积极方向。促进学生积极人格发展在英语国家有长期历史，引导学生体验英语课堂的人格之美、引导学生发展积极人格的相关英文资源非常多，这对我国引导学生建构积极人格的方法，具有跨文化补充与借鉴的优势。在英语课堂上，教师可以充分利用英

语课程的语言优势，引导学生阅读这些相关英文资源，以英语语言之美，促进积极人格发展，实现英语课堂的人格之美。比如大五(Big Five)人格理论，在英语国家就有普遍而有效的实践，对营造英语课堂的人格之美具有一定的参考作用。教师可以以英语阅读材料的形式，引导学生阅读大五人格的相关说明，然后进行讨论，从而显性地感知英语课堂的人格之美，促进学生建构积极人格。

图3–2
大五人格结构图

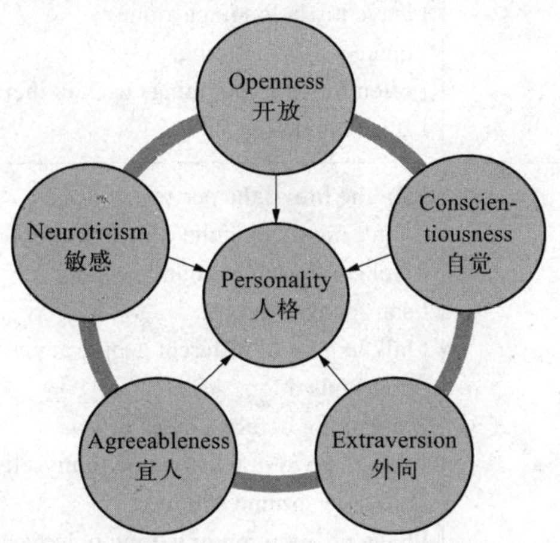

对于大五人格，有很多非常具体的、浅显的描述，既可以帮助我们了解大五人格理论，还可以让学生进行自我评价，体验英语课堂的人格之美，促进学生积极人格发展。特别重要的是，大五人格理论并不是只突出每一个人格特性的优势，同时也警示我们每一人格特性的不足，使我们尊重每一人格的人，以他们的优势帮助我们克服自身的人格不足，在合作中发展自己。

表3–2
大五人格理论的浅显表述

Personality traits	Sample items
Openness to experience	I have excellent ideas. I am quick to understand things. I use difficult words. I am full of ideas. I am not interested in abstractions. I do not have a good imagination. I have difficulty understanding abstract ideas.

（续表）

Personality traits	Sample items
Conscientiousness	I am always prepared. I pay attention to details. I get chores done right away. I like order. I follow a schedule. I am exacting in my work. I leave my belongings around. I make a mess of things. I often forget to put things back in their proper place. I shirk my duties.
Extraversion	I am the life of the party. I don't mind being the center of attention. I feel comfortable around people. I start conversations. I talk to a lot of different people at parties. I don't talk a lot. I think a lot before I speak or act. I don't like to draw attention to myself. I am quiet around strangers. I have no intention of talking in large crowds.
Agreeableness	I am interested in people. I sympathize with others' feelings. I have a soft heart. I take time out for others. I feel others' emotions. I make people feel at ease. I am not really interested in others. I insult people. I am not interested in other people's problems. I feel little concern for others.
Neuroticism	I get irritated easily. I get stressed out easily. I get upset easily. I have frequent mood swings. I worry about things. I am much more anxious than most people. I am relaxed most of the time. I seldom feel blue.

2．基于隐性的体验人格之美的活动，营造英语课堂人格之美

人格发展不能只是基于显性的体验人格之美的活动，尤其是对于非常内向的学生，显性讨论很难有效，甚至自我评价都难以进行。为此，教师还需要开展隐性的体验人格之美的活动。比如，可以在教室里、校园里，甚至英语作业本上，张贴或印制促进积极人格发展的英语名言隽语，引导学生体验英语语言中的人格之美，促进学生发展积极人格；可以鼓励学生每天记住一句名言并在学习中运用，每个月记住30句名言并在学习中运用，每两个月重复一轮，这样在一个学期的四个月里，通过重复记忆和运用，就能掌握60句充满英语语言之美与人格之美的隽语，这种方法不仅有助于引导学生体验英语课堂的人格之美、促进积极人格建构，而且可以发展学生的英语语言能力。

以下是笔者搜集的引导学生体验英语课堂的人格之美，促进积极人格建构，同时发展学生的英语语言能力的30句名言隽语。

表3-3
英语名言隽语30例

英语名言隽语	汉语释义
(1) “Hello” is a good start. “Thank you” is a good end.	“你好”是一句好的开场白，“谢谢你”是一句好的结束语。
(2) “Thank you” helps you get help.	“谢谢你”帮助你得到帮助。
(3) A clear goal is the first step to success.	清晰的目标是成功的第一步。
(4) A hen thinks a duck is an ugly hen. A duck thinks a hen is an ugly duck. A fox is waiting.	鸡认为鸭是一只长得很丑的鸡。鸭认为鸡是一只长得很丑的鸭。狐狸在等着。（鸡以为鸭是鸡，鸭以为鸡是鸭。长相丑与不丑，只是不同的人的不同看法，甚至是同一个人从不同视角的看法。同时，鸡和鸭不应该相互瞧不起，因为它们的敌人狐狸正等着它们打起来以坐收渔利。）

（续表）

英语名言隽语	汉语释义
(5) A new start is always waiting for you in every morning.	每天早上都有一个新的开始在等着你。(每天都是一个新的开始。不要沉溺于过去的成功或失败。)
(6) A week is from seven days. A week's harvest is from work of seven days.	一周有七天。一周的收获来自七天的工作。(一周的收获不是来自一天的工作，所以要坚持每天工作，不要三天打鱼两天晒网。)
(7) All success grows out of lots of mistakes.	所有的成功都来自很多次的错误。
(8) All your solutions start with you.	解决问题的所有方法都始于你自己。(你自己想解决问题，努力找解决问题的方法，尝试解决问题，失败了继续尝试，然后才能解决问题。)
(9) Another name for success is another try.	成功的另一个名字就是另一次尝试。(不断尝试，失败之后继续尝试，才能走向成功。)
(10) Do you want to go there? Start your first step.	你想去那儿吗？那就迈开第一步。(只有我们开始行动，才能实现我们的目标。)
(11) English is beautiful. Learning it makes me beautiful too.	英语很美，学英语也使我很美。
(12) Every great writer starts from writing ABC, just as you.	每一个伟大的作家都和你一样，是从写ABC开始。
(13) Everyone can teach you some. So, listen to them.	每个人都能教你一些事情。所以，听听他们说什么。(也就是"三人行，必有我师"之意，要善于向每个人学习。)
(14) Games are for today; books are for tomorrow.	游戏是为了今天，书籍是为了明天。(游戏只能带来今天的快乐，读书才能带来明天的快乐。)

（续表）

英语名言隽语	汉语释义
(15) Good habits help you learn better.	好习惯帮助你学得更好。
(16) Hard work makes tasks easier.	勤劳使任务更加容易。
(17) Harvest is from hard work.	收获来自勤劳。
(18) Learning English can help you see wider.	学习英语可以使你看得更广。
(19) Learning starts from making mistakes.	学习从犯错开始。
(20) No hard work, no progress.	没有努力，就没有进步。
(21) No try, no success.	不尝试，就没有成功。
(22) Nothing is impossible, the word itself says, "I'm possible!"	没有什么是不可能，这个词说的是"不，可能！"
(23) Play, learn and grow together with your friends.	和你的朋友一起玩乐、学习、成长。
(24) Playing has fun; reading has more fun.	玩乐很有趣，阅读更有趣。
(25) Problems are chances for progress.	问题是取得进步的机会。
(26) Problems can come from anywhere. Your solutions just come from you.	问题可以来自各个方面，你的解决方案只能来自你。
(27) Progress comes from hard work.	进步来自勤奋。
(28) Small grass and flowers make the great earth more beautiful.	小草小花使大地更加美丽。（不要认为小草、小花就没有价值。）
(29) Talking is cheap and action is dear.	说起来容易，做起来难。
(30) Wisdom lies in reading.	智慧蕴藏在阅读中。

大量课外阅读是高中学生学习英语的基本活动，教师可以帮忙选择能引导学生体验英语课堂人格之美、促进积极人格建构的材料，供学生课外拓展阅读，或者作为阅读练习与测试材料，以此进行隐性的体验英语课堂人格之美的活动。笔者择取一篇关于积极人格发展建议的短文，供阅读参考。

注：关于积极人格发展建议的阅读材料，请参见"附录3.1"。

对于隐性的体验英语课堂人格之美、促进学生建构积极人格的活动和材料，当学生愿意讨论时，也可以转化为显性的活动，直接进行深度讨论。

选择开展显性的或是隐性的体验英语课堂人格之美的活动，应基于学生需求而做决定。当学生表现为乐于开展显性活动时，教师应抓住时机，因为显性活动的成效显著优于隐性活动。但若学生出现抗拒的情绪，教师则应停止显性活动，而改为隐性活动。

第二节　基于榜样营造英语课堂人格之美

中小学时期，孩子的偶像崇拜心理非常明显，对他们而言，榜样（具有积极人格的偶像）的力量是无穷的，尤其是对于人格建构这类必须基于内在动力方可能真正实现的活动，教师更需要通过榜样，引导学生体验英语课堂人格之美，建构积极人格。所以，在英语课堂向学生展示榜样的积极事迹，以榜样的作用带动学生建构积极人格，实现英语课堂的人格之美，这是一个行之有效的正面方法。

英语教材中有很多课文介绍了积极的人格榜样，如《英语》（高中，人教社）必修一第五单元 *Nelson Mandela—a modern hero* 中，*Elias' story* 就是其中之一。这篇课文不仅介绍了曼德拉，还介绍了他如何作为榜样影响了Elias，这一特性使这个单元的课文教学不仅可以展示榜样的积极作用，更可以展示榜样如何影响普通人的人格发展，这种双重作用使这个单元的课堂教学可以充分地展示英语课堂的人格之美。

以下就是这个单元的课文教学的简要说明。

表3-4 《英语》(高中，人教社)必修一第五单元简明教学设计

教学内容	《英语》(高中，人教社) 必修一第五单元 *Nelson Mandela—a modern hero; Elias' story*
文化人格发展目标	让学生了解曼德拉的领袖魅力，促进学生领导力(leadership)品质的发展，突出介绍曼德拉的责任感(曼德拉自己可以过得很好，但为了黑人利益宁愿牺牲个人做律师的稳定生活)。同时关注种族平等、人格平等的本质价值，并展示其对白人监狱看守的宽容。
主要教学过程	
导入	1. 师生共同观看曼德拉雨中追悼会(约2分钟)，并呈现奥巴马、卡梅伦、李克强等多国领导人对曼德拉的评价，提问学生："What do you know about Nelson Mandela?" "Why did the whole world mourn his death?" "Why was he so highly thought of by so many politicians?"；要求学生结合视频内容和已有的背景知识进行讨论，初步感知曼德拉的伟大和影响力，激发学生了解曼德拉光辉一生的兴趣。 2. 呈现PPT  ELIAS' STORY Elias　?　Nelson Mandela T: Today we are going to read "Elias' story", and it is a true story. What do you think is the relationship between Elias and Nelson Mandela? What do you think the story is about? 学生根据图片、标题和对曼德拉已有的认识做出猜测。 Ss: This is a story about how Nelson Mandela helped Elias. 学生整体阅读课文(Elias' story & The rest of Elias' story)，找出"Elias' problems"、"What Nelson Mandela did to help Elias?"和"How Elias' feelings changed?"三个方面的内容。

（续表）

<table>
<tr><th colspan="2">主要教学过程</th></tr>
<tr><td>整体阅读</td><td>
<table>
<tr><th>Elias' problems</th><th>Elias' feelings</th><th>Nelson Mandela's help</th><th>Elias' feelings</th></tr>
<tr><td>(1) He was a poor black worker.
(2) He had little education.
(3) He didn't have a passbook.</td><td>sad, worried, hopeless</td><td>He offered him guidance and helped him get the correct papers.</td><td>grateful, more hopeful, happy</td></tr>
<tr><td>(4) He had a hard life in prison.</td><td>painful, sad, hopeless</td><td>He taught him and encouraged him to get a degree.</td><td>feel good, more confident</td></tr>
<tr><td>(5) He couldn't get a job.</td><td>painful, sad, hopeless, worried</td><td>He gave him a job.</td><td>grateful, lucky, proud</td></tr>
</table>
学生通过完成表格，梳理了文章的细节，更重要的是感受到了Elias在曼德拉的帮助下生活和情感的变化，从而理解曼德拉所从事的事业对黑人的积极影响。</td></tr>
<tr><td>细读</td><td>教师接着提问，并布置阅读任务。
T: Why did Nelson Mandela help Elias? Was it because he was particularly poor? Why did Nelson Mandela say "The last thirty years have seen the greatest number of laws stopping our rights and progress, until today we have reached a stage where we have almost no rights at all."? Now please read and find out the black's situation at that time.
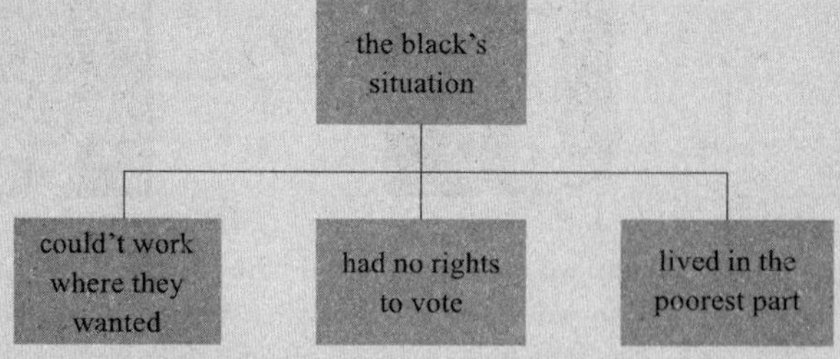

曼德拉帮助Elias并不是出于同情或私人关系，而是因为Elias是其众多受到不平等待遇的黑人同胞中的一员。通过这些问题的追问，让学生了解曼德拉牺牲个人安稳生活（他曾是一名优秀律师），为争取黑人平等权利而战斗终身，为他人自由而放弃自己自由的伟大贡献和意义。</td></tr>
</table>

（续表）

主要教学过程	
归纳判断	教师提出需要学生归纳的问题，并指导学生讨论。 T: The title of this unit is "Modern Hero". What qualities do you think made Nelson Mandela a great hero? Give evidence from the passage to support your answers. 学生通过讨论，归纳出曼德拉的高贵人格和作为领袖的非凡魅力。 ● He was a black lawyer who could live a comfortable life. ● He offered guidance to the poor black people. ● He helped Elias to improve his life. ● He fought for the rights of black people. ● He taught the prison guards. ● He encouraged Elias to get a degree. ● Elias joined the ANC Youth League and helped him blow up some government buildings. ⇨ generous, kind, helpful, willing to sacrifice for a great cause, brave, responsible, respectful, inspiring, influential, forgiving, tolerant, charming, considerate, intelligent, activating, persistent, optimistic ... 教师通过指导学生回答问题，培养学生乐观、关怀、平等、宽容、成就自己也成就他人的价值观和情操。 T: Not everyone can be as great as Nelson Mandela, but there is something we can learn from him as a common person. What do you think it is?
课后拓展	这一课时（课文阅读理解课时）引导学生在学习理解、应用实践、迁移创新的学习过程中，深度感知、体验、理解曼德拉的宽容人格，促进学生宽容人格的发展。 T: There are many books about Nelson Mandela, such as the biography *Long Walk to Freedom*. And there are also many videos on the Internet about him. I would like you to learn more about him after school. Next class please share with us some of his stories or famous sayings and tell us how it influences you. As I walked out of the door toward the gate that would lead to my freedom, I knew if I didn't leave my bitterness and hatred behind, I'd still be in prison. —Nelson Mandela

尽管教师用书和其他许多教师对这篇课文的学习定位是引导学生了解曼德拉的领导力，但笔者在深度阅读了曼德拉的传记和相关文献，较为全面、深入地了解曼德拉的积极人格特点之后，分析发现，曼德拉是以其积极人格而闻名于世的榜样，这个单元课文的内容正是介绍其积极人格榜样对青少年的作用，领导力只是其人格的外显形态，而人格才是其领导力的内核。为此，我们将这一课文的学习定位改为引导学生体验曼德拉的积极人格之美，并进行深度讨论，从而促进学生建构积极人格。

第三节　基于人格缺陷分析营造英语课堂人格之美

学生生活在现实生活之中，现实毕竟不是理想，学生会在现实生活中遇到大量有缺陷的人格表现，对此我们不能回避，反而应该展示、引导学生认识人格缺陷，甚至发现、分析、预测人格缺陷可能带来的不幸，以此引导学生规避这类人格缺陷，从相反的方向，让学生体验到人格之美的另一种特殊形态，促进学生积极人格的建构，呈现英语课堂的人格之美。如绪论所言，丑陋、荒诞、死亡等，本身也是审美的领域，只是以相反的方向，促进我们形成对崇高、美满、生命等追求的愉悦。

虚荣心是中学生中常见的一种人格缺陷，《英语》（高中，人教版）选修七第二单元 *Satisfaction Guaranteed* 就是一篇讲述虚荣心导致心理伤害的课文。我们可以以此为基础，引导学生深度理解课文，认识虚荣心导致的心理痛苦，促进学生建构积极人格。

首先我们可以确定本单元的人格发展目标：让学生体验虚荣带来的巨大打击，发展学生克服虚荣的积极人格，引导学生建构机器人伦理观念。

当然，这一单元并没有直接展示虚荣心，课文中只有一处提到 vain，并非重点，这就为本单元营造英语课堂人格之美的同时创造了发展另一个维度的可能，即发展思维品质。因为对于虚荣心的分析、批判都需要深度讨论课文，深度分析人物，这些讨论分析是发展学生思维品质的难得机遇。因此，我们设计以体验人格之美(虚荣心的发现与批判和克制虚荣心的积极人格的建构)为经，以发展思维品质为纬，以整合性为原则，整合语言能力、思维品质、人格发展，开展本单元教学。

一、教学内容分析与教学目标确定

人格教育是英语课程的组成部分，不是唯一目标，不应脱离英语课程其他内容而单独进行人格教育，而应将其整合并融入英语课程其他内容中，尤其是具有课文教学优势的单元中。如*Satisfaction Guaranteed*的课文教学优势分析：

第一，教材设定的本单元语法教学内容是进一步巩固 to be done 结构，该结构本班学生已经完全掌握，理解没有任何困难，极少学生存在运用困难。故而对于语法内容本单元无须在课文教学中进行专项教学，只需进行一课时的巩固即可。为便于语法巩固时关联课文语境，在课文教学中涉及这一语法结构时，给予必要的显性提示，为随后的知识巩固进行铺垫。

第二，本单元课文的文化主题是人类与机器人的关系，这不是英语国家独有的话题，而是人类文化中普遍存在的话题。今天，我国家用机器人在数量和使用领域的广度上，甚至已经处于全世界领先地位。所以，在话题层面本单元课文文化的教育优势不够显著。

第三，本单元故事的核心是主人公Claire爱上了机器人Tony，因为Tony比Claire的丈夫Larry更加善解人意，更加关心爱护Claire，而且能帮助Claire解决生活中的各种难题，为Claire赢得商店店员对她的尊重，甚至让邻居与朋友们嫉妒Claire有这么英俊、能干的男朋友。Tony满足了Claire的虚荣心，Gladys等人嫉妒Claire有这么个英俊、能干的男朋友，本质上也是其虚荣心所致。虚荣心是人类普遍存在的人格弱点，也是高中学生可能存在、需要不断努力克制的人格弱点。这使得本单元课文具有显著的人格教育优势。

当然，本单元也可以很好地发展学生其他人格，比如Tony为什么比Larry更受Claire爱恋，因为Tony做什么都只为Claire着想，而Larry无论是要求Claire承担公司的机器人实验，还是在Tony进入家庭后马上出差三周，都没有征得Claire同意。我们也可以发展学生为他人着想、人与人相互理解和体谅的人格，比如引导学生思考：Claire不想承担机器人实验，Larry是否能执意要求？作为妻子，Claire是否应理解Larry出差、接受实验都是为了工作？

课前笔者对学生的素质情况进行了解和分析，发现克制虚荣心是更须急迫发展的人格。发展克制虚荣心的人格，属于《英语课程标准》所规定的人格发展内容，也属于人类人格发展目标，更属于中国文化与西方文化，乃至世界文化的共同成分。《普通高中英语课程标准（2017年版）》明确要求高中英语课程发展学生“正确的价值观”“积极的道德情感”，克制虚荣心则是其中的重要内涵。

虚荣的致命之处是虚，若是“实”荣，则是一种光荣感、自豪感、荣耀感。所以，单纯反对虚荣，并不能有效发展克制虚荣心的人格。荣，若控制在一定程度上，则是一种光荣感、自豪感，过度了，才成为虚荣心。对于本班学生，参加国际奥林匹克学科竞赛，为国争光，以后考上清华大学、哈佛大学或其他世界名校，努力成为国际一流科学家，为中国、为人类做出重大的科学贡献，并不是虚荣，而是“实”荣，但若以此而炫耀，甚至自我膨胀、顶撞老师、不遵守学校与课堂纪律、不尊重其他同学，则是过度的“荣”，也就成了虚荣。这是发展本班学生克制虚荣心人格的关键。

第四，本单元故事需要深度理解，其中故事的行为规程与情感过程变化，是理解故事的基础，而理解这一变化过程，尤其是二者相互印证的关系，使得本课故事在发展学生理解过程及情节推进的逻辑合理性的思维能力具有显著优势。

第五，本单元是高二年级选修内容，本班学生经过笔者一年多的系统与深度训练，已经形成较为有效的自主与合作相辅相成的英语语言学习能力，学生英语成绩全年级第一，基本稳定在较高水平。所以，无论本单元是否具有语言学习能力发展优势，建构新的语言学习能力都不是本班的教学重点，本班只需要较稳定地运用已有学习能力即可。

基于以上分析，本单元教学重点确定如下：

基于人物情感变化的分析，让学生了解虚荣心可能产生的影响，培养他们根据需要有度克制虚荣心的人格，适度涉及为他人着想的人格发展；基于故事情节与人物情感变化过程及其逻辑关联，发展学生把握与分析因果关系逻辑性、行为与情感或现象与本质的逻辑关系的思维品质。

二、教学过程实录

1. 理解故事背景，关注人格冲突的可能形态

在故事教学之前，笔者用一课时的时间指导学生阅读了本单元第二篇课文*A biography of Isacc Asimov*，以便让学生先了解该故事的作者以及其作品特征，尤其是“机器人三原则”，为阅读本故事做好铺垫。

所以在进行本故事阅读教学之前，笔者先让学生看教材中的作者图像，并以回答基本信息问题的方式回忆上一节课所阅读内容，尤其是最为重要的“机器人三原则”。

笔者首先提出了预设的基本信息问题，即“Who is he?”，学生

齐声给出了正确答案"Issac Asimov"。这只是一个信息回忆层面的问题，作为第一个问题，难度不大，适合学生进入学习状态。

图3-3
故事作者Issac Asimov（阿西莫夫）

笔者随即提出预设的作者背景问题，即"What did he write?"，学生给出多种答案，有的说science fiction，有的说books，有的说robots。

笔者根据不同学生的回答进行追问，如"What book?""Did he write robots or stories about robots?"，学生继续给出答案。这一追问要求学生能给出具体信息，对信息的具体内涵的追问，有助于发展学生思维的准确性。在教学中这不仅有助于学生准确理解问题，也有助于他们准确表达观点，同时还可以基于此发展学生的科学精神等积极人格。

笔者接着追问"Did he propose some theories?"，教师发现学生有些丈二和尚摸不着头脑，于是进一步提问"Did he propose some laws about robots?"，对前一问题进行解释说明，帮助学生建立theory与law之间的范畴意识，然后再问学生"What are The Three Laws for Robots?"，落实到思维的准确性，从而形成思维发展的问题链，继续培养学生的科学探究精神。

其实，"机器人三原则"本身也存在内在冲突。"机器人三原则"具体内容是"(1) A robot may not injure a human being or, through inaction, allow a human being to come to harm. (2) A robot must obey the orders given it by human beings except where such orders would conflict with the First Law. (3) A robot must protect its own existence as long as such protection does not conflict with the First or Second Laws."，这三原则主要以第一项"不伤害人类"为基本原则，但是这里是a human being，不是any human being，第二项原则里是human beings，二者之间显然存在冲突。假设人类A受

到人类B的伤害，A命令机器人通过伤害B而保护自己，机器人该如何做？第三项原则是“机器人要保护自己”，假设一个人受到机器人A伤害，这个人命令机器人自残来保护他自己，机器人该如何做？同时，什么是伤害？这个故事中机器人通过满足人类的虚荣心而使人类所受的难道不是一种伤害吗？显然，“机器人三原则”没有涉及精神伤害、感情伤害，而且机器人可能也无法判断人类遭受的精神伤害、感情伤害。这些细节分析有助于学生从自己的生活体验，理解人格冲突的可能形态。笔者有意识预设存在冲突的情境，让学生思考人格冲突的各种可能。

2．整体感知故事，体验人格发展的张力

(1)人物性格特征感知。

随后笔者引导学生进入故事学习。教师首先导入故事标题*Satisfaction Guaranteed*，询问学生二词词义之后，追问“Whose satisfaction? What guaranteed it?”，学生给出自己的理解与猜测。笔者此时不予追问，在此处激发学生的发散性思维，并在随后的讨论中进一步验证学生的猜测，以发展他们基于证据合理推测的能力。二词均与情感有直接关系，笔者引导学生理解二词的情感特色，建议学生在随后阅读中基于二词，尤其是satisfaction的个人情感特色，关注故事的情感内涵、主人公的情感变化，以及相关情感的合理性，从而为随后的道德人格发展活动，做好有效的铺垫。

图3-4
教材后半部分插图

笔者选择课文后半部分的一张插图，让学生描述图片内容。然后笔者提问“Based on the title, the picture and what we have learned about Isaac Asimov, what do you think the story is about?”，因为学生已知

单元情境，多数人都能预测出“It’s a story about robots and human.”，有学生说“I think it is about a robot falling in love with a woman.”，教师追问“Why do you think so?”，学生回答“I have read many stories like this.”，教师再次追问“Are you fond of such stories?”，学生回答说“Yes, because they are very imaginative.”。面对笔者的一系列追问，学生需要系统、深度、准确地表达，思维的准确性、系统性、逻辑性能力也因此发展。笔者问学生“Who are the people out of the window? Why are they watching this? Is it good? Is it polite?”，这一连续问题让学生关注窗外人物，猜测各种可能以及原因，促进学生的道德人格判断。

在看图预测故事之后，笔者问学生“How many paragraphs are there in the story?”，有学生不去认真数，而是直接回答“Many”，教师追问“How many?”，认真数过段落的学生集体回答“Twelve”。这一问题看似简单，学生只需数一数就能得出答案，但可以帮助学生对故事形成整体感知，尤其是发现段落长短特性，从而对随后的阅读分析起到一定感知性的作用；同时这一追问要求学生给予准确数据，有助于发展思维准确性。感知插图、感知段落数量与长短，是对于感性的唤醒，这对于学生在文学理解中形成移情、基于感性理解故事中Claire的情感变化，具有非常重要的基础性作用，尤其是对于由各学科奥赛学生组成的班级，若不唤醒他们的感性，其随后的故事理解可能会延迟。所以，基于感觉的本能性思维能力，在需要其发挥作用时，应及时提前唤醒。基于感性的理解不仅对随后的课文理解很重要，也有助于发展学生的积极情感。

（2）理解故事情节与人物情感变化，感知人格缺陷可能带来的困顿。

笔者让学生整体阅读故事，找出故事中的主要人物，弄清楚他们的身份、特征，完成以下表格。

表 3–5
故事主要人物表

Characters in the story	Who are they?
Larry Belmont	
Claire	
Tony	
Gladys Claffern	

在学生阅读、填表之后，笔者与学生就这些问题展开问答。对于人物信息、性格特征，学生基本能很快答出，但对于Gladys Claffern，笔者进行了追问。笔者提出的第一个问题是"What information can we get about Gladys Claffern from the passage?"，学生根据课文答出"She was rich and powerful."；笔者接着问"Did Claire have a close relationship with her?"，学生找出答案是"No. Claire envied her."；笔者追问"Why did Claire envy her?"，学生答"I think she was richer and more powerful than Claire."；笔者再问"From Claire's perspective, why?"，学生再答"She was poorer and less powerful than Gladys."。如此追问不仅有助于学生理解人物，而且可以引导他们从不同视角看同一问题，从而发展学生思维的丰富性。引导学生从不同人物的视角进行思考、分析、判断，能促进他们形成理解他人的积极道德人格。

在引导学生对故事人物特征进行分析之后，笔者让学生再次阅读课文，就主要情节与主人公Claire的情感变化找到对应关系，这有助于学生对故事进行整体把握，更有助于学生从情感变化这一线索理解故事，而不只是基于故事情节把握情感变化。

表 3–6
故事情节与主人公Claire的情感变化表

Time	Events	Claire's feelings
Before Tony was tested out	Tony was going to ________ by Claire.	
While Tony was being tested out	She saw Tony was ________ and ________ with ________ hair and a ________ voice, making him more like a ________.	

（续表）

Time	Events	Claire's feelings
While Tony was being tested out	Tony asked Claire whether she needed __________.	
	Tony offered __________ to Claire when she mentioned her sense of __________.	
	Tony helped Claire make herself __________.	
	Claire felt Tony's skin was __________ and __________.	
	Tony made the clerk __________ to Claire.	
	Tony __________ when she fell off the ladder.	
	Tony __________ his arms around her, __________ his face close to her and __________ he didn't want to leave her.	
	Claire was __________ by the women.	
	Claire remembered Tony was just a machine.	
After Tony was tested out	Tony had to __________ because he had women __________ with a machine.	

教师在这一过程中引导学生讨论Claire产生情感变化的原因，引导学生对其情感变化的内在、外在多种原因进行思考、分析，促进学生对情感变化的理性思考和价值判断。

Claire的情感变化是虚荣心的体现，让学生深度体验其情感变化，其实也就是体验人格缺陷带来的痛苦，体验特殊形态反衬出的人格之美。这一讨论过程形成了深度的特殊形态人格之美的体验，对很多学生形成了人格认知的冲击，他们对此展开了非常激烈的讨论。

3. 细节理解，把握人格缺陷的形态

学生通读整个故事之后，教师并不急着与学生就每一情节与情感的变化进行核对，而是让学生先有一个模糊的整体理解，然后逐段讨论，以此发展学生思维的系统性、准确性，并通过行为与情感变化关系的分析，发展学生思维的逻辑性，基于此情感深化体

验，也可加深学生对道德人格的认知和判断。

在故事理解中，笔者也不断通过有深度的提问发展学生的思维能力和情感理解能力。在理解第二段后，笔者问“Why didn’t Claire want the robot in her house when her husband was away?”，有学生回答“She might be afraid that the robot would attack her.”；笔者询问是否有其他推测，另一学生回答“She might be afraid that she might lose control of the robot.”；笔者继续询问学生是否有不同推测，再有学生回答“She might be afraid that the robot might know her secret.”；笔者追问“What kind of secret?”，学生只答“Beyond description.”；笔者让其他学生讨论这位同学未能明确说出的description，大家开始基于这位同学的心理特征，以及对他的了解而进行推测。这一组问题先基于故事内容推测，然后基于学生特征进行推测，可以发展学生基于事实依据进行合理推测的思维能力。这一过程也有助于深度强化学生对Claire情感表现背后的价值取向的理解，从而为发展对Claire情感变化的积极的道德人格判断打下非常重要的基础。

笔者通过推进学生对故事语言的深度理解而发展他们的思维能力和情感理解能力。在课文第二段理解中，笔者就其中一个语句进行了提问，“In the sentence ‘... the robot wouldn’t harm her or allow her to be harmed’, does ‘allow her to be harmed’ mean the same as ‘allow others to harm her’?”，一位学生回答“No. It includes Claire harming herself.”；笔者追问“What kind of behavior is harming ourselves?”，这位学生继续回答“Eating rubbish food even though we know it is harmful to our health.”；笔者评价道“Yes. So please stop eating rubbish food.”，然后问学生是否还有其他案例，另一位学生回答“When we don’t do well in exams, we don’t sleep or eat well.”，笔者的点评是“Yes. It doesn’t help at all. So just figure out the reasons and try harder and believe next time you will do better.”，还有一位学生说“Committing suicide.”，笔者马上指出“Life is too precious to be so foolish."。这一组观点追问有助于发展学生思维的丰富性，同时，笔者坚持不断提出何谓积极的人生态度，也有助于发展学生思维的正当性，将思维品质与文化发展深度融合，这恰恰是很多思维能力培养和文化人格发展严重忽略的。

在学生思维出现困顿时，笔者改变提问方式，有助于不同层次的学生发展思维能力和情感理解能力。笔者在提问"What does 'bonus' mean here?"时，学生似乎无法回答，笔者追问"Is it about money here?"，有学生回答"No."，笔者进一步追问"If something is a bonus, is it something expected beforehand?"，并引导该学生回答出完整的答案是"Bonus here means that the machine might bring Claire a big surprise."。显然，这一降低难度的追问，可以充分地帮助这位学生发展思维能力。人的思维能力是从婴儿期就已开始发展的，并不受语言能力限制，这一案例更说明当学生语言能力遇到困难时，恰恰可以用发展思维能力的方式来帮助学生发展语言能力，然后再基于语言能力加深对情感及其相关人格的准确理解。

在基于感性体验发展思维能力层面，笔者抓住教材中deep voice这一短语，先问"What does 'a deep voice' mean?"，学生无法描述，笔者马上转换"What is a 'deep voice' like? Who has a deep voice in our class?"，多位学生齐声答出"Wang ..."，笔者于是说"Wang ..., would you please read something to let us appreciate your deep voice?"。王同学于是朗读了一段课文，全班报以热烈掌声。这说明学生完全理解deep voice的含义，只是无法用英语解释，如果换一种形式表达其理解，对于发展学生思维的丰富性非常有帮助。

在英语课堂，发展学生思维丰富性的最常见方式就是运用语言本身的丰富性，基于这种丰富性发展情感体验具有显著成效。笔者依然就课文第二段提问"What can we learn about Claire here?"，一位学生说"Claire is not confident. And she is easy to be persuaded."；笔者追问"What do you mean by 'not confident'?"，学生回答"She was not sure about what she believes."；笔者问是否有更多观点，另一位学生回答"Claire is not adventurous."；笔者追问"What do you mean by 'adventurous'?"，学生回答"She is afraid of taking risks."；笔者再问是否有不同观点，另一位学生回答"Claire is conservative."，笔者追问"What do you mean by 'conservative'?"，学生回答"It means she refused to try new things."。这三组问答首先从不同角度帮助学生发展思维的丰富性，然后通过对语义的追问与解释，再次发展学生思维的丰富性，同时也加深了学生的情感体验。

随后笔者就Tony要帮Claire穿衣服而问学生"Do you think it is appropriate for a man to offer to help a lady with her dressing?"，学生回答"No."之后，笔者追问"Then why did Tony do this?"，学生回答"Tony didn't have feelings like human beings."，这一追问有助于学生理解Tony随后的行为。

在随后的阅读中，遇到生词sympathy，笔者询问"What is sympathy?"，一位学生答"It is a feeling of being sorry for sb."，笔者追问"For sb's what?"，该学生回答"For sb's sad situation."，笔者用"For sb's misfortune."给予肯定和解释后，继续问"Sometimes when we say 'I am sorry for you.' We don't really mean it. We are just being polite. So how can we really feel sympathy for someone's misfortune?"，另一学生回答"When we understand their situation."，笔者肯定并给予引导"Yes. Only when we put ourselves in others' shoes can we really have sympathy for others."。显然，这里通过词义和情感认知理解，发展了学生的思维逻辑性。而对于sympathy本身的讨论、举例，更是显著地发展了学生理解他人的相关人格。

笔者让学生跟读本段文章并再次分析Claire，逐步发展学生思维的准确性，让学生可以体验到思维准确性的发展过程。笔者问学生"What can we learn about Claire from this part?"，一位男生回答"I think she was a vain woman."，笔者追问"What do you mean by 'vain'?"，学生解释不清，笔者换一种方式追问"Will you like a vain girl?"，该男生明确说“No.”，笔者追问“Why not?”，该男生回答“Because she cares too much about herself. She is self-centered.”，笔者继续追问“What does a vain girl care about?”，该男生回答“Being rich, being beautiful and being famous.”，笔者基于学生的补充解释予以肯定。这一组五问四答的连环提问，不仅有助于发展学生思维的准确性、逻辑性，而且可以发展学生的人格认知。随后第二位学生指出“I think she was very sensitive.”，笔者追问“What is a sensitive person like?”，学生回答“She is easily affected by others' opinion. She cares a lot about others' judgement.”。笔者肯定两位学生的回答，并说出自己的观点：“I agree with you both. In my opinion, she was quite superficial. A superficial person cares about something like being beautiful, having a beautiful house but fails to see or understand what really matters. She was also not proactive enough because a proactive person takes action to make things change rather than sitting around feeling sorry for the sad situation. Besides, she had a sense of inferiority. That means she was not confident. Finally she was emotional.”

这一过程可以深度发展学生思维的准确性，其中教师的总结归纳更可以发展学生思维的批判性、系统性，因为这一总结不仅合理地表达了不同观点，而且对每一观点都有具体的解释，同时非常全面地分析了主人公的性格特征，而学生的表述经常只看到主人公人格的一面。正是在教师的引导下，学生形成了更加合理的对于人格的价值判断。这一讨论中，最为关键的vain一词并非由教师直接说出来，而是通过教师引导，学生自己说出这个词，发现Claire的人格特征。随后教师让学生讨论vanity的特性，引导学生进行设身处地的情感体验和情感分析，促进学生发展克制虚荣心的积极道德人格。这一节课的讨论时间较长，案例较多，内容较丰富，也很有深度，尤其是不同学生都发表了不同看法，使得预设的教学目标在非刻意的教学安排中实现。正是这样的不经意，才能真正实现有效的人格发展。

在课文第五段的理解中，遇到生词absurd，笔者提问“What does 'absurd' mean here?”学生回答“Ridiculous.”，笔者追问

"Then what does 'ridiculous' mean here?"，学生找不到合理解释，笔者换一个视角追问"What do you think of a robot having soft and warm skin?"，学生说"Unbelievable."，教师由此引导学生思考"So here, what does 'absurd' means?"，学生回答"Unbelievable and unreasonable."。这一过程非常清晰地展示了追问以及换一个视角追问，对于发展学生思维能力的有效性。而其中的内容讨论，让学生开始留意Claire对Tony外在特征的关注，而不是对其内在人格的关注，引导学生分析Claire注重Tony外表而不注重其人格所导致的后来的悲惨结局，从而引发学生进一步思考人格与外表的关系，建构对人格重要性的认同。

故事中有一个情节，当Claire购物遇到不礼貌、不认真服务的店员时，她给Tony打电话，Tony在电话里跟店员说了几句话，店员马上改变了态度。对此，笔者提问"What do you think Tony say on the phone to make the clerk change the attitude?"，一个学生回答"Tony told the clerk that Claire was powerful and rich."，笔者解读学生的回答"So you mean the clerk gave in to Tony."；另一学生回答"Tony had lots of knowledge about selling things and had a good talk with the clerk and they became friends."，笔者解读这位学生的回答"You mean Tony earned the clerk's respect and friendship with his knowledge."；还有一位学生回答"I think Tony told the clerk something about the law."，笔者解读这位学生的回答"You mean Tony defended Claire by law. That is quite reasonable."。这一环节通过学生的不同回答，以及教师对学生话语的解读，发展学生思维的丰富性。学生对Tony的话语的猜测，有助于他们进行设身处地的情感推演，从而加深情感理解与合理性的判断。

在故事中Claire发现自己可能爱上Tony之后，一把推开Tony，回到自己房间大哭起来。对此笔者问学生"Why did Claire scream and push Tony away? What was she thinking about in her room?"，学生回答"I don't know."；笔者追问并让学生从自己视角回答"Then what would be your reaction if you were Claire?”，学生马上有了自己的观点“I would just thank Tony.”，笔者于是追问“Well. You are quite sensible. What did Claire forget at that moment?”，另一学生回答“Claire forgot Tony was a robot and fell in love with Tony. Then she remembered Tony was a machine and spent the rest of the day feeling sorry and ashamed.”，笔者给予肯定性鼓励。这一追问是当学生无法回答时，教师让学生从自己视角设身处地地进行思考与回答，从而引导他们发展思维的条件性。

在Claire发现自己爱上Tony之后，笔者换一个视角提问“Do you think Tony fell in love with Claire?”，学生回答“No.”，笔者追问“Why?”，学生回答“Tony was a machine. He was just programmed to behave in this way. He didn't have feelings.”，笔者进一步追问“Then why did Tony say he didn't want to leave Claire and opened the curtain?”，学生回答“To improve Claire's confidence.”，笔者进一步追问“In what way does it help to improve Claire's confidence?”，学生回答“Claire may think that she was attractive.”，笔者引导学生得出结论：“So it helped Claire to feel good about herself.”这一组提问不仅把视角从Claire转到Tony，而且就内容进一步追问。这种从不同人物的视角提问、理解、分析的方式，有助于发展学生的批判性思维能力。

对于故事中Claire邀请Gladys等邻居来家聚会之后的情感，笔者提问“How do you understand the word 'victory' here?”，学生无法回答，笔者换一方式提问“When will we say we win a victory?”，学生回答“When we win a battle, a war, a competition, a race ... ”，笔者追问“So was there a war in the story? Who was on the other side?”，学生回答“There was no real war in the story. Claire was always comparing with other women. It was like a war.”，笔者追问“Do you think it is good to compare yourself with others all the time?”，学生回答“No.”，笔者再追问“Why not?”，学生回答“Losing ourselves.”，笔者由此引导学生

了解人生道理，即“So don’t compare your life to others. You have no idea what their journey is all about. Just try to be your personal best.”。笔者继续提问“Why does the writer describe the victory as ‘sweet’? Why not just say ‘It is a victory’?”，学生回答“Usually sweet is used to describe candies, but here it is used to show that Claire felt very good.”，笔者追问“Felt good about ...?”，学生回答“About being envied by other women.”，笔者继续追问“Is the victory really sweet for Claire?”，学生回答“She felt sweet.”，笔者再追问“What victory do you think it is?”，有学生回答“I don’t think it is a real victory. It’s a vain victory.”。显然，这一组问答过程不仅发展了学生思维的准确性，而且发展思维的深刻性，帮助学生从a sweet victory的表面语义一路追问，让他们经过思维的过程，发现本质意义。这里对于sweet的真实性的讨论，更是让学生关注到Claire虚荣的内心世界。通过引导学生看教材图片，分析Tony拉开窗帘以便让Gladys等看到屋里发生的一切等深度分析，让学生体验特殊形态人格之美，形成对随后Claire内心痛苦的深度体验。

随着故事发展，本质性问题越来越突出。到理解第十一段时，笔者问“What do you think Claire cried about?”，一个学生回答“She cried because Tony was not a real man but a machine.”，笔者追问“But Claire was a married woman. How could it help if Tony was a real man?”，学生回答“Because Claire realized Tony was good to her because he was programmed to be like this, not because she was attractive and Tony loved her.”，笔者追问“Do you think Claire was hurt by the experiment?”，多名学生回答“Yes.”，笔者追问“In what way was she hurt?”，一位学生回答“She thought she was fooled.”。这依然是通过多层追问，引导学生发现现象背后的问题本质，从而发展学生思维的深刻性。学生通过对Claire为什么伤心的讨论与深度探究，将她痛苦的主要原因归于自身的虚荣心，加深了对克制虚荣心的认同。

4. 整体讨论，分析人格缺陷带来负面作用的形态

在完整理解故事过程之后，教师再回到故事标题，让学生展开讨论，并比较一开始的猜测，以此发展思维的准确性。笔者问“How can we understand the title after reading this story?”，笔者进一步解读“The title is ‘Satisfaction guaranteed’? Who is satisfied? Why is it guaranteed?”，学生回答“The company is satisfied.”，笔者追问“Then why is it guaranteed?”，另一学生回答“It means in the future robots will satisfy all our needs. It is sure to happen.”，笔者再追问“Then why did Tony have to be rebuilt if the company was so satisfied?”，学生给出支离破碎的答案，笔者提出自己的观点。

笔者引导学生继续讨论“Do you think it acceptable for a human being to fall in love with a robot?”，多名学生提出不同观点，笔者对每位学生观点进行归纳提炼，赞同的观点主要有：

(1) If I think a machine is human, then it is human.

(2) It should not be forbidden because we have the right to make a choice.

(3) Human beings can have children by technology even if we marry a robot.

反对的观点主要有：

(1) A robot has no feelings.

(2) Being perfect is not perfect.

(3) I won’t fall in love with a robot because it is weird but I respect others’ choice.

这一过程有助于学生发展思维聚焦的能力以及思维的深刻性。笔者引导学生对“Being perfect is not perfect.”这一观点进行讨论，从而促进学生发展克制虚荣心的道德人格。

在学生系统阅读、深度理解故事之后，笔者让学生尝试简要复述故事。为帮助学生准备复述故事，笔者对故事每一环节提出“What did Claire do? How did she feel?”这两个问题，并制作完成故

事的情节曲线图，形成以下结果：

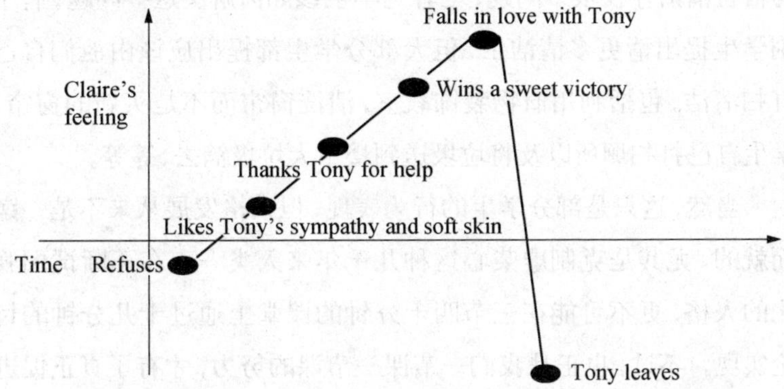

图 3-5
Claire情感变化曲线图

这一曲线图不仅呈现故事中Claire的行为过程与情感变化，而且突出显示了情感的转折，这一形态对于由各科奥赛生组成的班级，具有显著作用，可以帮助学生发展对于理科思维的形象表达。学生也就可以基于此复述故事，形成对故事过程的形象理解与记忆。这一过程也通过情感失落展示虚荣心带给Claire的巨大情感痛苦，引导学生发展克制虚荣心的积极道德人格。

三、小结

这是一次真实的课堂教学，笔者用三节课完成整个故事的教学。从学生课堂反应观察，学生通过较长时间、较广泛也较有深度的讨论，深度体验了克制虚荣心、为他人着想的人格，在随后的课堂活动中也较好地表现出这些人格发展的行为，而这些潜移默化的教学引导在学生平时的生活中也得到美的展示。

如笔者在引导学生讨论课文时，提到一个月前出版的具有世界影响的思想性著作，而班里一名学生课桌上恰好有这本书，笔者赞扬这名学生阅读的前沿性，然后请该学生分享他阅读这本书的感想，该学生非常谦虚地说还在理解之中，和同学们讨论后再分享，实际上笔者发现他在阅读该书过程中已经在空白处进行多处批注，显然这名学生没有刻意炫耀他阅读的前沿性、思想的深刻性。

如在关于教室与宿舍清洁问题的讨论中，很多学生反映教室与宿舍清洁存在很多问题，笔者问学生该如何解决这些问题，有个别学生提出请更多清洁工，但大部分学生都提出应该由他们自己打扫清洁，包括利用旧物装饰教室，清洗窗帘而不是买新的窗帘，学生自己打扫厕所以及将垃圾送到楼下大垃圾筒去，等等。

当然，这只是部分学生的行为表现，但人格发展从来不是一蹴而就的，尤其是克制虚荣心这种几千年来人类一直在不断试图强化的人格，更不可能在三节四十分钟的课堂上通过十几分钟的讨论实现。不过，也正是我们一节课一节课的努力，才有了真正促进学生人格发展的可能。

同时，这不是三节只促进学生道德人格发展的课，而是三节常规的英语课，只是在英语课堂中，引导学生学习理解相关人格，通过应用实践、迁移创新，非常恰当、自然地渗透促进学生道德人格发展的活动，让学生在学习英语的过程中，实现道德人格的有效发展。这三节课的思维品质的发展也独具特色。在这一课例中，笔者通过提问，尤其是追问等深度提问技巧，有效地发展了学生的思维能力。

这一课例说明基于营造英语课堂的人格之美的整合性原则，可以引导学生体验人格之美，促进学生积极人格的建构，而且可以发展相关核心素养，一如英语课堂品格之美的营造。

第四章

文之美：英语课堂的文学美

《文心雕龙》（节选）[1]

刘　勰

文之为德也大矣，与天地并生者，何哉？夫玄黄色杂，方圆体分，日月叠璧，以垂丽天之象；山川焕绮，以铺理地之形。此盖道之文也。仰观吐曜，俯察含章，高卑定位，故两仪既生矣。惟人参之，性灵所钟，是谓三才。为五行之秀气，实天地之心生。心生而言立，言立而文明，自然之道也。旁及万品，动植皆文。龙凤以藻绘呈瑞，虎豹以炳蔚凝姿；云霞雕色，有逾画工之妙；草木贲华，无待锦匠之奇。夫岂外饰，盖自然耳。至于林籁结响，调如竽瑟；泉石激韵，和若球锽。故形立则章成矣，声发则文生矣。夫以无识之物，郁然有彩，有心之器，其无文欤？

1 王志彬．中华经典名著全本全注全译丛书：文心雕龙［M］．北京：中华书局．2012.

译文:“文”作为万物皆有的属性和形式表现,其渊源是多么深广啊,试想与天地一块产生的东西是什么呢?宇宙中有玄黄色彩的交错,天地间有方圆形体的不同,太阳和月亮像璧玉叠合在一起,显示出壮丽天体的形象;山岳和河流光彩绮丽,展现出锦绣大地的纹理。这都是“与天地并生”的大自然之“文”。仰望天空日月星辰放射着熠耀的光芒,俯视大地山岳河流蕴含着华美的文彩,宇宙的上下位置既经确定,天与地就因之而产生了。只有人可以与天地相参伍,因为它凝聚着天地的性灵,这就是所谓的天、地、人三才。人是五行之秀气的凝聚,实为天地之心而生。心灵产生了而语言得以确立,语言确立了而文采得以表现,这是自然而然的道理。推广及万物,动物植物都有“文”。龙凤以其鳞羽的光彩来显示祥瑞,虎豹借其皮毛的斑斓而展现雄姿;云霞色彩的形成,比画家着染的还要美妙;草木花朵的绽开,不需要锦绣工匠的奇巧手艺。这都不是外加的修饰,而是自然形成的罢了。至如风吹林木发出声响,协调得像是吹竽弹瑟;泉水激石形成音韵,和谐得犹如击磬敲钟。所以说事物有了形体文采自然就形成了,声音发出来韵律也就随之而产生了。那些无意识的物类,都有丰郁的文彩,而有心灵的人,怎么能没有自己之“文”呢?

作者说明:刘勰(约465—520),字彦和,南北朝时期南朝梁代人,中国历史上的文学理论家、文学批评家。曾官县令、步兵校尉、东宫通事舍人,颇有清名,但其名不以官显,却以文彰,一部《文心雕龙》奠定了他在中国文学批评史上的地位。

人是文化的动物,也就是说,若撇开文化,人就是动物,反之,人正是因为有了文化,才不是其他动物一般的动物。由此可见,文化是人的基本特征。英语课堂之美自然不可缺少文化之美,营造英语课堂之美，也必然要营造英语课堂的文化之美。

文化是一个语义丰富的概念，其在汉语中的基本语义是：人类在社会历史发展过程中所创造的物质财富和精神财富的总和，特指精神财富，如文学、艺术、教育、科学等。英语中的culture一词，源于拉丁语，其古典语义为“耕种，驯化，培育”等，基本语义是“a set of ideas, beliefs, and ways of behaving of a particular organization or group of people（一个特定的组织或人类群体的观念、信仰、行为方式体系）”。

世界上有着成千上万的著作对文化做出了成千上万的学术定义，如同对美的不同界定其实是从不同视角审视美、体验美一样，对文化的不同界定，也是从不同视角解读文化的结果。为此，1982年，联合国教科文组织在墨西哥城召开了“世界文化政策大会”，会议讨论并提出了文化定义，这被认为是认同者最多的文化概念，因为是126个国家、94个组织的960多名与会代表对文化的视点的综合（UNESCO, 1982：第1页）。会议发表的《墨西哥城文化政策宣言》对文化做了这样的界定（UNESCO, 1982：第46页；1989：第14页）：

“会议表达了人类各种文化和精神目标的最终会聚的希望，并承认：

从最广泛的意义讲，文化现在可以看成是由一个社会或社会集团的精神、物质、理智和情感等方面的显著特点构成的综合的整体，它不仅包括艺术和文学，也包括生活方式、人类的基本权利、价值体系、传统和信仰。”

“文化赋予人类对自己进行思考的能力。文化使我们真正成为有理性的、有批判精神的、有道德的人。通过文化，我们认清了价值的意义，并进行抉择。”

“他们(会议的参加者们——引者注)并不忽视知识和艺术活动中所表现出的创造性的重要性，但他们认为应该扩大文化的概念，使其包括行为模式和个人对他或她自己、对社会和对外界的看法。由此出发，社会的文化生活可以看作是通过它的生活和生存的方式，通过感觉和自身感觉、行为形式、价值系统和信仰而表现出来的。”

由此可知，文化是一个社会或社会集团的精神、物质、理智和情感等方面的显著特点构成的综合的整体，包括艺术、文学、生活方式、人类的基本权利、价值体系、传统和信仰。

文化如此广泛，此处难以全面展开讨论。关于文化之美的价值体系内涵，本书在品格、成长、人格等之美中已经展开一定探索，关于文化的艺术之美中的一些内容，本书将在随后部分进行讨论，本章将聚焦于营造英语课堂的文学之美。

第一节　营造英语课堂文学之美的基本方法

文学之美来自文学作品，来自对文学作品的赏析。英语课本中的文学作品，自然也可让学生进行文学赏析，感知文学之美，是我们营造英语课堂文学之美的最基本内容。同时，英语课本之外的学习内容中也有不少文学作品，这些文学作品也是我们营造英语课堂文学之美的内容。

营造英语课堂的文学之美需要从文学的视角去把握美，或者说，要把握英语课堂的文学之美的内涵。正如刘勰在《文心雕龙》

开篇的"原道"之中所指出，文学最重要的部分在于其符合道德的价值取向，但正如自然具有文采一样，文学的形式是语言、结构所表现出的文采。基于文学美学的研究，文学美主要包括文学内容美（包括文学作品的思想美、价值美、行为美等和文学形象的思想美、价值美、行为美等）、文学形式美（包括语言美、结构美等）、文学源流美（包括文学史之美、文学美学史等）、文学批评美（文学批评是对文学的分析、研究、评论，批评之美也是文学美的重要组成部分）、文学创作美（包括文学风格之美、创作者之美、创作过程美等）、文学影响美（包括作品直接影响之美、作品间接影响之美等）等。

基于文学之美的内涵的一般含义，结合笔者营造英语课堂文学之美的实践尝试，笔者发现，英语课堂的文学之美首先体现在内容之美，一般文学美学主要讨论作品自身价值之美，但英语课堂的文学之美则包含一个非常重要的部分——师生互动的价值之美。这既是对作品自身价值之美的发现，更是师生在互动中生成并发现的价值。只有课堂师生互动，尤其是具有文学之美的互动，才能发现作品的价值之美。在形式美层面，英语课堂关注作品每一层面的文学形式之美，不过更主要的是语言层面，因为英语课堂首先是语言课堂，对文学作品的文学语言之美的赏析，不仅可以享受文学语言之美，更可以促进学生语言能力的发展。而文学创作之美，也就是在文学创作之中体验文学之美，则只在文学创作的课堂才能体验，单纯阅读文学作品是难以体验文学创作之美的。营造英语课堂文学之美，不仅仅强调欣赏文学之美，更要求进行文学创作，这使得英语课堂的文学之美也特别突出文学创作之美。至于文学批评之美、文学源流之美，英语课堂的文学之美也有一定涉及，但不是重点内容。

综上所述，笔者认为，英语课堂文学之美的基本内涵是：

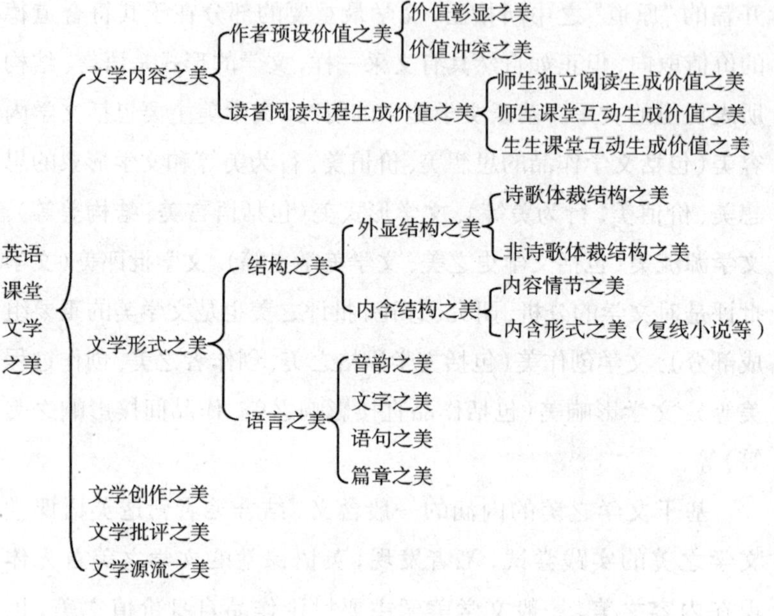

图 4–1
英语课堂文学之美的基本内涵

营造英语课堂的文学之美，首先要发现文学作品课文的文学之美，然后要分析、发现学生可能体验到的英语课文的文学之美，之后确定营造英语课堂文学之美的内容、路径、活动，通过英语课堂师生互动，引导学生形成英语课堂文学之美的审美体验，实现英语课堂文学之美的教育目的，即促进学生核心素养发展。基于此，营造英语课堂文学之美的基本方法可以表现为：

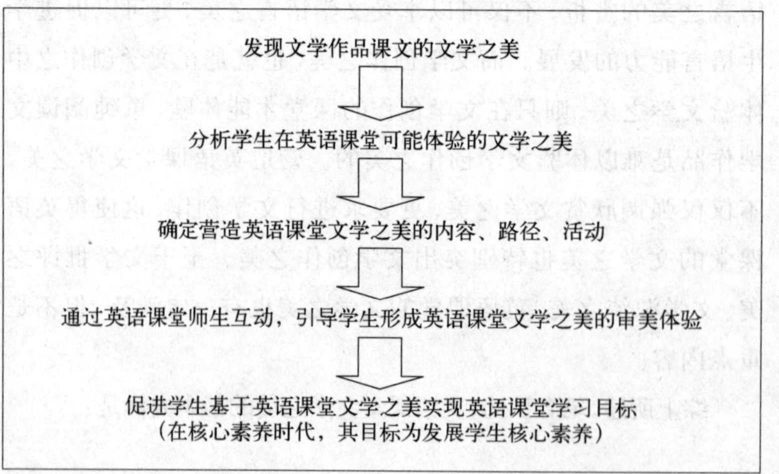

图 4–2
营造英语课堂文学之美的基本方法

由此可知，营造英语课堂的文学之美，首先从英语教材和学习材料中的文学作品开始，基于文学作品营造英语课堂的文学之美。教材中有一定的文学作品，教材之外的学习内容中也有大量文学作品，这些是营造英语课堂文学之美的内容基础。基于教材和学习材料的文学作品，营造英语课堂的文学之美，需要教师从文学美的各个视角，全面、深度把握文学作品的文学之美。然后，分析学生已有的文学审美经历和经验，甚至方法，从第一步分析文学作品的文学之美中，选择确定学生基于已有文学审美体验在英语课堂可能体验的文学之美。在第二步选择确定英语课堂文学之美的内容之后，教师基于文学作品的教学可能、学生体验文学之美的可能路径与方式，设计学生学习第二步已确定的营造英语课堂文学之美的内容、路径、活动，完成营造英语课堂文学之美的教学设计。基于第三步的设计，营造英语课堂文学之美，开展文学作品教学活动，通过英语课堂师生互动，引导学生形成英语课堂文学之美的审美体验。正如营造英语课堂之美不仅是为了学生形成审美体验，营造英语课堂的文学之美，也不能止步于文学之美的审美体验，而要促进学生基于英语课堂文学之美实现英语课堂的学习目标，尤其是自我发展的目标。在核心素养时代，营造英语课堂文学之美、引导学生形成英语课堂文学之美审美体验的目的，是促进学生英语学科核心素养的发展，即语言能力、文化意识、思维品质、学习能力的发展，这也是英语课程、英语教育的目标。接下来笔者以两篇教材中的文学作品内容为例，探讨如何营造英语课堂的文学之美。

第二节　感悟英语课堂文学价值之美

文学之美的核心与基础在于文学作品的价值，这种价值不仅在于文学作品之中，而且在于文学接受理论所强调的读者对文学作品的阅读赏析之中，也在于笔者所分析的师生互动、生生互动所发现的价值之中。

《英语》(高中，人教版)选修八第四单元改写自萧伯纳的著名话剧*Pygmalion*，笔者将基于这一课文营造英语课堂文学之美的实践，讨论英语课堂的文学价值之美。话剧属于课程标准中的文学这个大话题，笔者把这个单元的主题确定为文学欣赏。主题语境即理解文学作品，核心是理解文学作品的价值。

主题确定之后，需要确定主题的内涵，也就是主题的价值、意义是什么，尤其是学习这个主题，我们希望学生理解、把握，甚至认同、建构的价值和意义是什么，这是非常关键的目标。这部分内容尽管教师用书有一定说明，但由于各种原因，笔者还是坚持自己进行一定的分析。笔者首先阅读*Pygmalion*原著，然后阅读了萧伯纳作品的文学评论文献和文学影响文献，还查阅了一些研究萧伯纳以及关于这部话剧的英语国家学位论文，了解较为系统的评论见解。此外，笔者还阅读了国内外一般读者对于*Pygmalion*和萧伯纳作品的价值与意义的讨论，如著名的读书评论网站Goodreads曾有一篇颇具独到见解的评论，内容见附录。

注：Goodreads网站关于*Pygmalion*作品的评论，请见“附录4.1”。

笔者借助先后阅读的十多万字的相关文献，尤其是经典评论与当代读者的评论，首先对这部话剧的文学价值进行了分析，然后参考这部话剧的研究文章和介绍，综合整理，发现作者呈现的单元文本的价值与意义主要有四个方面：

表4-1
作者呈现的单元文本的价值与意义

领　域	单元文本作者萧伯纳所呈现的*Pygmalion*的价值与意义
社会批判	社会各界广泛存在以口音确定身份的现象，形成口音身份歧视
男权批判	Higgins所代表的歧视女性、强调男女不平等的男权主义
妇女解放	Eliza所代表的追求实现个人价值的个性觉醒
人的改造	萧伯纳等所秉持的人可以通过社会得到改造的思想

一千个读者就有一千个哈姆雷特！对于文本，除了作者呈现

的价值与意义之外，读者可以，而且肯定会形成自己的理解。这是整合教学设计非常重要的基础，即笔者提出的基于学生的整合的基础。笔者基于自己的学习和思考、专家与同事的建议，以及反思之前在同一单元的教学中学生的反应，同时基于自己作为读者对萧伯纳文学作品的整体理解，形成了学生作为读者对萧伯纳作品的价值与意义的可能理解与把握：

表4-2
学生对单元文本的可能理解与把握

领域	读者对文本的更多价值与意义（作者呈现的价值与意义之外）的可能理解与把握的预设
人性批判	Pygmalion本身的占有心态，从对儿童玩具的占有到财富占有、国家占有
帮助	受助人愿意接受的帮助是向善的
歧视	歧视本身是否是一种自我感知，如何面对歧视，甚至将之转化为一种优势，比如转化为动力
语言与素养	语音是一种外在特征，语言内容才能显示素养（Eliza的语音与语言内容）
幸福	Eliza的选择是服从于笔者认知的，而不是他人认知的

当然，这只是教师课前分析中形成的预设，未必包括课堂生成中可能出现的所有理解与把握。这种预设有助于教师做好准备，但教师同时要有课堂可能生成出更多预设之外的价值与意义发现的方法准备，以便在课堂上学生提出预设之外的价值与意义时，引领学生进行讨论与发现。

随后，笔者基于对本班学生的了解，结合前一届学生学习本单元时的反应，预设出可以让学生展开讨论的价值和意义层面的问题，主要有以下八个方面：

1. 如果Eliza的口音不被歧视，Eliza就会幸福吗？

2. Eliza为什么选择Freddy？他们会幸福吗？什么是Eliza的幸福？

3. 到底是谁改变了Eliza？Higgins、Pickering、Freddy以及Eliza自己各自起了什么作用？这种改变对Eliza是积极的吗？是她所希望、需要的吗？

4. 非主角Pickering、Eliza的父亲、Mrs Pearce等有怎样的批判意义？ Doolittle的名字说明了什么？

5. Eliza有哪些值得你学习之处？有哪些你应借鉴之处？Higgins呢？ Pickering、Freddy等角色呢？

6. 萧伯纳为什么以"Pygmalion"命名这部话剧？是因为Higgins与神话中的Pygmalion一样拒绝婚姻，却在打造一位年轻女性之后意图与之结婚吗？

7. 如何理解Pygmalion效应的意义与Pygmalion神话故事之间的关联？

8. 你愿意接受这样的自我变革吗？在遇到改变命运的机遇时，你会像Eliza一样选择接受变革的挑战还是保持自我？

具体以哪一个、哪一些问题为重点进行讨论，或者是否讨论其他问题，则要看学生的实际讨论情况。这是笔者长期坚持的一种课前备课广泛预设、课堂基于生成随机建构的方法，若没有课前的广泛预设，课堂出现学生发展的建构需要，可能就难以抓住，也就难以形成真正的师生互动、生生互动的价值发现。

主题语境需要多花一些时间进行有深度的分析，这方面做得越扎实，后面的单元整体设计的基础越牢固、越宽阔、越厚实。有些教师不大喜欢以价值与意义为基础进行单元整体设计，可能更多从语言，尤其是语法、词汇进行，这无可厚非。但无论是否有核心素养背景，笔者愿意，也长期坚持以价值与意义为主题进行单元整体设计。笔者认为，语言可以靠学生自己学，但道理需要别人讲，因为道理其实是一种我们对自我、社会、自然的解释方式，而这种解释方式的核心是思维能力，思维能力必须通过大量的思维实践活动才能发展。所以，笔者更愿意花时间去和学生讨论，引导学生发展、明白、认同一些道理。即使是基础较弱的学生，一般也总是在明白道理之后才有显著进步，笔者的很多具体教学个案都说明了这一点。

所以，确定单元主题的价值与意义，尤其是基于学生预设可以引导学生讨论的单元主题的价值与意义，是确定单元主题语境的最重要的基础，也是最关键的基础。这个问题确定好了，后面的单元整体设计大方向就确定了。

对于本单元的教学，笔者基于学生的学习需求，设计为八课时，包括阅读、听说、写作所有课型，完成本单元所有学习内容，包括教材中所有的课文、学习任务、练习以及必要的补充阅读。每一课时都渗透价值发现、价值建构，让学生在文学作品的学习中，发现文学作品的价值之美，实现文学作品价值建构的功能与目的。

正式上课一开始，笔者按教材第28页的Warming Up活动内容，导入希腊神话，让学生理解并说出自己的看法。学生发表了很深刻的看法，就“What made the statue Galatea alive? Can love bring miracle?”等问题展开了十多分钟的讨论。一般来说，导入活动不需要开展这么长时间，但笔者认为，这个背景对于学生理解话剧非常重要，尤其有助于学生理解“到底是什么赋予了Eliza新的生命”。所以，当学生有话要说、有话想说、有话能说的时候，笔者不会停止学生的讨论。这个讨论和前面的电影一样，是引导学生在文学欣赏中发现、建构价值的基础，正是对Pygmalion在made the statue Galatea alive中的作用的讨论，使学生在随后讨论Higgins的作用时，能较准确地把握作者预设的价值所在：Pygmalion或者Higgins的作用是很小的，而且他们的动机是自私的。

笔者曾经预设要在这里导入Pygmalion Effect，也就是皮格马利翁效应，但发现此概念在这里呈现不够典型，可能这个时候学生还无法准确理解，而且此概念与课文价值建构的预设主题有些不相符。于是基于学生和价值建构需要，笔者把这个概念推后到第六课时再进行学习。

理解三个主人公的社会地位，对了解话剧的文学价值很有帮助，所以笔者增加了有关英国社会地位的阅读语篇，并组织学生进行了讨论。笔者让学生思考三个主人公Higgins、Eliza、Pickering的社会地位，然后介绍当时的英国社会地位的特点。增加这一部分内容，是理解这部话剧的关键，教材中没有相关内容，学生也没有这一基础背景知识，所以笔者选择了增补这一内容。

随后，学生阅读课文第一部分，并回答几个内容理解性问题之后，笔者让学生回答"What can we know about the society at that time?"，这一内容学生不了解，大部分学生想当然地以为英国社会很平等。于是笔者补充了关于英国社会语言歧视的阅读文章——*28% of Britons feel discriminated against due to accent*[1]，这是2015年英国社会语言歧视问题的调查报告。这一材料深刻反映了*Pygmalion*所批判的语音歧视（本质上是阶层歧视、地域歧视）一直到现在依然深刻影响着英国社会。可以说，这一材料给学生带来非常大的触动，甚至震动，因为学生想当然地认为英国是一个一体化的社会，英国人都是英国人，没有什么可以相互歧视的，而不了解当代英国社会如同萧伯纳所批判的时代一样，存在着深刻的社会歧视现象；这一材料对学生形成对*Pygmalion*文学之美的深度审美体验非常关键，因为材料来源于一项方法科学的调查报告，内容真实可信，而且是最近几年的调查，这一时间概念把一百多年前的*Pygmalion*一下子拉到了现实生活之中，强化了文学作品价值建构的现实意义，以及永恒价值建构的可能。

在讨论中，笔者引导学生发现语言歧视现象背后的地域歧视问题，由此延伸到我国的地域歧视等问题，以此促进学生对文学作品的世界价值的发现与理解。

众所周知，*Pygmalion*这个剧本的核心桥段是语音学家Higgins试图改造Eliza的下层社会口音和行为。教材第31页的阅读理解活动5就是针对这段内容而设置：改编自话剧的电影*My Fair Lady*中更是非常形象生动地呈现了这一情境。为

1 http://www.itv.com/news/2013-09-25/28-of-britons-feel-discriminated-against-due-to-accent/，2017年5月20日析出。

此，笔者让学生课前看电影，了解这一情境，体验其中的价值取向。从社会学的视角看，方言或口音并非错误，只是一种亚文化现象，与标准语音各有其美，我们既可以欣赏受过教育者的语音的精致和规范，也可以欣赏劳动阶层语音的力量和自由。Eliza并没有所谓的语音错误，并非语言能力不足，她的语音其实只是一种阶层特性，而Higgins纠正Eliza语音的行为其实是所谓的上层社会对下层社会语音的一种社会歧视。这些所谓的错误不是真正的错误，只是方言与规范语言的差异，班上的学生对方言本身有着自豪感，笔者作为潮州人，也认为自己普通话中的潮州方言口音不是一种错误，只是不符合普通话的标准。所以，笔者不同意开展这种纠错活动，也非常肯定学生不认为这是语言错误。对于这部分任务，笔者建议学生若有兴趣，可课后自己研究Eliza的方言特征，若没有兴趣，则初步了解这些语句本身的方言特性即可。这里将语音本身表现出来的问题，从社会价值取向进行分析，使学生可以更好地把握话剧批判社会歧视的价值取向。

在第二课时的教学中，笔者让学生看教材第34页第二幕时关注标题Making the bet，询问学生对bet的看法，并给学生补充了一篇介绍英国人making a bet的文化传统和习惯的阅读材料。针对学生对英国文化的不了解，笔者提供这一部分阅读，这对于学生理解整个话剧中Higgins与Pickering的行为与关系非常重要，甚至对于学生理解话剧结束前Eliza和Higgins对于“Whose bet? Who won the bet?”的争论以及由此导致的Eliza的出走非常关键。这种内容上的适当增补，同样有效促进了学生对剧本文学价值的理解。

第三课时的教学中，笔者让学生从以下两个问题分析Pickering：

1. Is Pickering rude or kind to Eliza? Do you think he really cares about Eliza or is it just because he has better nurture (教养)?

2. Why does the writer include Pickering in the play?

学生展开了非常丰富的讨论。

笔者之所以增加这些讨论，是因为：第一，教材内容作为获得诺贝尔文学奖的作家的非常优秀的作品，不能只理解其语言表层，一定要引导学生理解作品的深层内涵和价值；第二，学生具有这样的分析能力，他们也已经具有基本的表达能力，可以较好地表达他们的思想，更为重要的是，他们非常愿意表达自己的思想。

在第四课时，笔者提出一个问题"What does Eliza need to change to make herself into a lady?"，这个问题比教材第35页听力活动3内容宽泛，教材限定学生讨论Eliza在语法、词汇方面需要改进的地方，基于学生的实际学习能力，笔者将这个问题改造并提升难度，学生根据教材内容找出四个方面，笔者顺势提出一个追问问题"What else?"。追问是笔者在教学中特别喜欢使用的一种提问方式，已积累不少较为系统的思考，并在《英语学习》(教师版)上发表了一篇文章。

学生无法回答"What else?"这一问题。笔者授课之前专门阅读了"lady"应具备的十大特质，此时通过PPT呈现给学生并介绍这十大特质：

* A lady is generous with her time, wisdom and resources.

* A lady possesses a positive outlook on life.

* A lady is a lifelong learner.

* A lady models civility (教养) in how she treats others.

* A lady is well-mannered and knows what is appropriate.

* A lady possesses a strong work ethic.

* A lady is poised (still and ready), graceful and confident.

* A lady is well-dressed.

* A lady is well-spoken and a generous listener.

* A lady manages her home and the needs of her family.

这个活动再次强化了教师预设的价值建构，到底具备什么特性可以成为一个lady？到底是Eliza自己想成为一个lady，还是Higgins要把Eliza打造成一个lady？这些讨论都可以促进学生进一步了解剧本的文学价值之美。

笔者让学生完成听力，并回答以下问题：

1. What is Higgins trying to do to improve Eliza?

2. What progress is she making?

随后，让学生阅读教材上的文本，以及教师印发的第三幕的文本，读后讨论以下问题：

1. How do Higgins and Pickering react differently to Eliza's performance? Underline their reactions.

2. What do you think of Higgins' teaching methods? Would you like to be taught by him? Why?

3. Can you suggest a better method?

4. What makes Eliza bear the harshness of Higgins?

以上问题是对教材第35页听后问题和第36页说的活动的整合，同时将学生的学习能力发展整合到教学实际之中。该话剧本身就是一个非常著名的语言学习改变命运的故事，对发展学生学习能力具有非常独特的价值。在回答信息类问题之后，学生对学习方法问题进行了深度讨论，大部分学生不同意Higgins的方法，但也有人认为这种方法在一定阶段，对一定学生还是有用的。

第五课时这一幕讲的是Eliza参加tea party。笔者一开始提出"What is a tea party?"这个问题考查学生，发现多数学生无法清晰说明其特性，此时笔者就势进行补充阅读，较为系统地介绍tea party，并采用信息填表形式进行阅读理解检查，然后再让学生回答以下问题：

Tea is from China. But tea party culture in the UK is so different from the tea culture in China. What makes British build up a different tea culture? What can we learn from this intercultural phenomenon?

以上问题在补充阅读文章之中没有给出答案，笔者要求学生自己进行思考。学生已有的文化积淀还难以达到对这两个问题有自己的完善理解的水平，所以，笔者在学生尝试回答之后，给出自己的理解，对学生的跨文化理解能力形成一种积极的促进。

在随后的第六课时、第七课时、第八课时中，我们不断强化学生对剧本的文学价值之美的体验与发现，引导学生建构相关价值体系，尤其是通过第八课时的文学创造，深度体验其价值之美。

第三节　营造英语课堂文学语言与文学创作之美

英语课堂是语言的课堂，语言之美在英语课堂可以说是比比皆是，不过文学作品的语言之美相对具有独特性，值得重点探索。如何发现文学作品的语言之美，需要较为系统的分析。鉴于文学阅读是高中阅读的基本内容，文学赏析也是《普通高中英语课程标准(2017年版)》的基本要求，甚至已经成为高考考查的阅读文体，我们可以通过相应的设计和认真的营造，促进学生较为系统地发展赏析文学作品语言之美的能力和素养。

文学的语言之美在不同体裁有不同体现，诗歌语言之美往往是语言之美的极致体现。此处以一个诗歌单元的教学为例，分析营造英语课堂的文学语言之美的尝试。

文学之美的一种独特形态是文学创作之美。在阅读文学作品时，我们可能无法体验文学创作之美，但在文学作品的教学中，我们则有可能让学生体验文学创作之美。笔者也曾在诗歌单元、小说单元的教学中让学生进行诗歌、小说、小说改编漫画等文学创作。学生对文学创作之美的欣赏和创造都非常积极，这也说明我们可以大胆鼓励有意愿的学生进行英语的文学创作。本章节将结合学习诗歌单元之后的学生创作，探讨营造英语课堂的文学创作之美的尝试。

《英语》(高中，人教版)选修六第二单元是一个诗歌单元。这一单元在第一篇课文中介绍了五种诗歌形式——儿童歌谣(nursery rhymes)、清单诗(list poems)、五行诗(cinquains)、俳句(Haiku)和我国的唐诗；第二篇课文介绍美国当代诗人Rod McKuen的*I've saved the summer*。

基于诗歌美学研究可知，诗有三层美，自古以来，“诗言志”是诗学第一层的美，是其价值美，然后是形式美、语言美[1]。刘勰在《文心雕龙》中指出，大舜云：“诗言志，歌永言。”圣谟所析，义已明矣。是以“在心为志，发言为诗”，舒文载实，其在兹乎？诗者，持也，持人情性；三百之蔽，义归“无邪，持之为训，有符焉尔。人禀七情，应物斯感，感物吟志，莫非自然。”[2]笔者首先从诗的立意介绍诗人写诗的目的，有感而发、有情而抒，感情是我们欣赏诗歌首先应读出来的。课文所选诗歌都有其独特的感情，此处限于篇幅，不能对每一首诗的每一处语言之美都进行说明，只是基于本单元诗歌的内容分别撷取一二处进行说明，让学生体验语言如何表达作者的感情。当然，也应同时体验语言自身的美，如韵律、用词、语句结构等。在课堂上，笔者则是基于自己的教学特点，让学生进行讨论，然后针对学生疏漏处，再进行补充。

Papa's going to buy you a mockingbird

(A nursery rhyme, 题目为笔者所加)

Hush, little baby, don't say a word,
Papa's going to buy you a mockingbird.
If that mockingbird won't sing,
Papa's going to buy you a diamond ring.
If that diamond ring turns to brass,
Papa's going to buy you a looking-glass.

1 周建新. 从诗歌“三美”谈诗歌批评 [J]. 广西社会科学. 2004 (03).
2 王志彬. 中华经典名著全本全注全译丛书：文心雕龙 [M]. 北京：中华书局. 2012.

If that looking-glass gets broke,

Papa's going to buy you a billy-goat.

If that billy-goat runs away,

Papa's going to buy you another today.

这是一首典型的摇篮曲，因为其韵律和一开始的“don't say a word（让孩子不说话，准备入睡）”都是摇篮曲的典型形态。在看似简单的童谣中，作者选择papa而没有选用dad、father，显然更能表达摇篮曲让孩子睡觉的安抚作用，同时也说明摇篮曲是妈妈在唱，所以爸爸可以去做这些事情。这里的押韵词非常容易发现，可以让学生直接圈出来。教师可以让学生思考，为什么作者选择了mockingbird、looking-glass、billy-goat这些多音节的词（为了满足节奏的需要），学生可以体验到这种英语节奏的音节特性。这一摇篮曲还体现了英语韵律、语词的语言之美。由此，笔者引导学生归纳了童谣诗歌的特点（5 characteristics of nursery rhymes）：

- Use imaginative language;
- Have rhyme;
- Have strong rhythm;
- Have lots of repetition;
- May not make any sense.

I saw a fish-pond all on fire

I saw a fish-pond all on fire,

I saw a house bow to a squire,

I saw a person twelve-feet high,

I saw a cottage in the sky,

I saw a balloon made of lead,

I saw a coffin drop down dead,

I saw two sparrows run a race,

I saw two horses making lace,

I saw g girl just like a cat,
I saw a kitten wear a hat,
I saw a man who saw these too,
And said though strange they all were true.

Our first football match

We would have won ...
if Jack had scored that goal,
if we'd had just a few more minutes,
if we had trained harder,
if Ben had passed the ball to Joe,
if we'd had thousands of fans screaming,
if I hadn't taken my eye off the ball,
if we hadn't stayed up so late the night before,
if we hadn't taken it easy,
if we hadn't run out of energy.
We would have won ...
if we'd been better!

以上两首清单诗贴近学生生活，第一首诗的想象力很丰富，对想象力的描述也非常生动，整个诗歌的I saw选择很有特点，因为我们都知道"眼见为实"，所以诗的想象力更加突出。你说不真实？可是这就是我亲眼看到的！而且最后一句还特别说明"别人也看到的，据他说这些奇怪的事情都是真的"，这就更突出了I的人称选择与saw的行为选择都具有鲜明的语言特性。第一行的"I saw a fish-pond all on fire"中的all非常精妙，第二行"I saw a house bow to a squire"中的house也很特别，因为人、动物、树都可能bow to a squire，只有house能形成想象的画面。这些语词的选择很有特点，具有语言之美的特性。

第二首清单诗不再是想象力的展示，而是反思一系列的"如果”。“如果”是诗歌中常用的词，如何用好则是关键。诗一开始“We would have won ...”的虚拟语气结构就明确了这是假设；结尾处“if we’d been better”在用词上非常精妙，因为前面讲述的都是行为，在这里突然改为了状态、属性，作者没有选择“if we’d done better”这种行为动词形式，也就是说，作者最终把这一切归因于“不是我们没做好，而是我们不够好，我们需要在整个层面更好，而不只是行为更好”，我们知道do good是一时、一事，而be good则是一切、一世。这不仅可以让学生体会到be动词的力量（永恒或长期存在的状态），也体会到good、better的价值特性。可以说，一个be better就足以彰显语言之美。

通过以上分析与讨论，笔者引导学生总结了清单诗的特性（3 characteristics of list poems）：

- Have a flexible line length;
- Have repeated phrases;
- Some have rhymes while others do not.

Cinquain 1

Brother
Beautiful, athletic
Teasing, shouting, laughing
Friend and enemy too
Mine

Cinquain 2

Summer
Sleepy, salty
Drying, drooping, dreading
Week in, week out
Endless

第一首五行诗中的enemy很有特点，学生对此展开了讨论，在什么情况下哥哥和我会成为enemy。第二首五行诗中用salty描述夏天也是独具特色，身在广州的学生对此很有体会。如同十六字令一样，五行诗的结构特点显著，能突出语言之美。

Haiku 1

by Moritake

A fallen blossom
Is coming back to the branch.
Look, a butterfly!

Haiku 2

(by Issa)

Snow having melted.
The whole village is brimful
Of happy children.

俳句是一种独特的诗歌形式，很多日本本土的俳句往往更加突出凄美之情。不过这两首不同，学生可以很好地把握butterfly带来的突然转折，brim（边缘）构成的brimful（充满的）结构与意义特性，也都很显著地突出了语言之美。

笔者引导学生总结对比五行诗和俳句的异同：

表4–3
五行诗和俳句的异同

Similarities	1. Easy to write	
	2. Giving a clear picture	
	3. Conveying a special feeling with the minimum of words	
Differences	Cinquain	Haiku
	5 lines	3 lines with 17 syllables

Awaiting husband stone

by Wang Jian (标题由笔者所加)

Where she awaits her husband
On and on the river flows.
Never looking back,
Transformed into stone.
Day by day upon the mountain top,
wind and rain revolve.
Should the traveller return,
this stone would utter speech.

这是唐代诗人王建的《望夫石》的翻译，原诗为：

望夫石

（唐）王建

望夫处，江悠悠。
化为石，不回头。
山头日日风复雨，
行人归来石应语。

笔者首先引导学生发现唐诗本身的字数限制而翻译相对自由的特点，然后让学生对这首诗中女性的情感进行分析：

The woman may have the feelings of:

Loneliness—she was alone watching her husband on the mountain top;

Love—she waited year after year despite wind and rain;

Trust—she believed her husband would come back one day;

Sorrow—year after year, she waited and waited without seeing any hope of her husband's coming back, so she was very sad.

最后引导学生发现英语翻译的语言之美，如on and on的音韵特性，transform的trans + form所表现出的语词结构的张力，是turn、change等无法表现的，utter speech也比speak更说明可能的艰难。

I've saved the summer

by Rod McKuen

I've saved the summer
And I give it all to you
To hold on winter mornings
When the snow is new.

I've saved some sunlight
If you should ever need
A place away from darkness
Where your mind can feed.

And for myself I've kept your smile
When you were but nineteen,
Till you're older you'll not know
What brave young smiles can mean.

I know no answers
To help you on your way
The answers lie somewhere
At the bottom of the day.

But if you've a need for love
I'll give you all I own
It might help you down the road
Till you've found your own.

课文第二篇阅读材料中的诗，更具有诗歌的特性，Rod

McKuen是美国当代流行歌曲词作者，也是有影响力的诗人。这首诗立意高，语言平实，又不失精巧，如“I've saved the summer and I give it all to you”，而不是“I've saved some money and I give it all to you”等，summer在诗中是时间，更是记忆，这份记忆不只是一个夏天，而是整个成长过程。随后的where your mind can feed中feed mind的搭配也很有张力，“Till you're older you'll not know what brave young smiles can mean”这句更是挑战了人们的常识（年老了不记得年轻时的微笑所表达的勇敢，因为年老了不再有那份勇敢），“I know no answers to help you on your way. The answers lie somewhere at the bottom of the day.”也突出了美国文化的特性（我不告诉你答案，你自己努力去找答案，哪怕花一整天，或者整个人生的时间）。这个发现过程非常重要，可以引导学生深度体验诗的立意和语言之美。

笔者还引导学生对诗歌的体裁特性、语言特性进行了总结，如下所示：

表4–4
诗歌的种类和特点比较

Poetry	Characteristics
Nursery Rhyme	They have strong rhythm and a lot of repetition.
List Poem	They repeat phrases and some rhymes, and are easy to write.
Cinquain	They are made up of 5 lines, convey a strong picture, and are easy to write.
Haiku	They are made up of 17 syllables, and give a picture and a special feeling.
Tang Poem	Their translations have a free form.

教材所选择的诗歌对学生来说还不够典型，笔者又给学生提供了更多参考，其中有一首清单诗对学生影响很大，具有更高价值：

What is love

Love is giving,
Love is living,
Love is taking someone's load,
Love helps them along the road.
Love is caring,
Love is sharing,
Love will seek the best for others,
Love treats everyone as brothers.

另有一首很有意境的短诗及徐志摩的中文翻译：

A Grain of Sand

by William Blake

To see a world in a grain of sand,	一沙一世界，
And a heaven in a wild flower,	一花一天堂。
Hold infinity in the palm of your hand,	无限掌中置，
And eternity in an hour.	刹那成永恒。

另外笔者还给学生提供了更多的五行诗、俳句、英译唐诗，引导学生较为充分地体验英语诗歌的语言之美。

在本单元第一篇阅读课文教学结束之时，笔者引导学生讨论"Are poems good for our life? What can we get from poems?"，并引导学生得出以下基本结论：

1. Poems bring passion (激情) to our life;

2. Poems help us to understand life, virtues, beauty and romance;

3. Poems make us know we are here and that we can make our life and the world more colorful and beautiful!

注：学生作品请见"附录4.2"。

学生还给出了不少自己的理解与感触，显然，他们较为深刻地体验到了英语文学的语言之美。在此情况下，笔者趁机建议学生进行诗歌创作，不管是富有创作细胞的文科学生，还是逻辑严谨的理科学生，都乐意参与诗歌创作，也乐于展示自己的作品。在多年的执教生涯中，笔者收集了不少学生作品，限于篇幅，择取几篇放于附录，供大家点评。

很多教师在开展这一单元教学时，都引导学生进行诗歌创作，体验文学创作之美，而且都很有成效。这充分说明，营造英语课堂的文学创作之美，是完全可以广泛实现的，只要我们真正让学生体验到英语文学的语言之美，掌握创作的基本要求，学生一定会拿起笔，创作出属于他们的文学之美。

教材之中的文学作品课文不多，若有需要，我们也可以在教材之外的文学阅读中营造英语课堂的文学语言与创作之美，甚至按照英语课程标准建议，以文学赏析选修课的方式，引导学生较为系统地体验、鉴赏和建构英语课堂的文学之美。

下 篇
PART TWO

英语课堂的形式美

第五章

琴之美：英语课堂的韵律美

琵琶行（节选）[1]

（唐）白居易

转轴拨弦三两声，未成曲调先有情。
弦弦掩抑声声思，似诉平生不得志。
低眉信手续续弹，说尽心中无限事。
轻拢慢捻抹复挑，初为《霓裳》后《六幺》。
大弦嘈嘈如急雨，小弦切切如私语。
嘈嘈切切错杂弹，大珠小珠落玉盘。
间关莺语花底滑，幽咽泉流冰下难。
冰泉冷涩弦凝绝，凝绝不通声暂歇。
别有幽愁暗恨生，此时无声胜有声。
银瓶乍破水浆迸，铁骑突出刀枪鸣。

1 http://so.gushiwen.org/shiwenv_0581b0ba8bb4.aspx，2017 年 3 月 20 日析出。

曲终收拨当心画，四弦一声如裂帛。

东船西舫悄无言，唯见江心秋月白。

注释：

《霓裳》、《六幺》：均为曲名。

间关：象声词，形容鸟鸣婉转。

作者说明：白居易（772—846），唐代三大诗人之一，倡导新乐府运动，其诗题材广泛，形式多样，语言平易通俗，代表诗作有《长恨歌》《卖炭翁》《琵琶行》等。

如同人类的任何自然语言，英语有着其自身的音韵之美，诗歌的押韵、散文的停顿、话语的语调等，都彰显了英语的音韵之美。英语课堂的韵律之美，不仅在于英语的音韵之美，更多在于日常大量教学活动之中的英语教学节律之美，如课堂自身的抑扬顿挫、张弛起伏等。

第一节　营造英语课堂音韵之美

英语自身的音韵之美首先表现在单一语音本身，如节奏、语调、重音等，都可彰显英语语音的音韵之美，我们应在英语课堂引导学生发现、欣赏、体验，甚至掌握这些层面的音韵之美，营造英语课堂之美，实现英语课程目标。

一、营造语句层面的英语课堂音韵之美

英语语句是英语语音表达语义的基本单位，把握语句的音韵之美是掌握英语语音的音韵之美的基础。

语音是自然语言的基本外壳，是自然语言相互区分的基本维

度，两种语音在语系上距离越远，其语音差异也就越大。比如汉语和英语，分别属于不同的第一层级的语系——汉藏语系和印欧语系，两者语音差异很大。所以英语语音的学习，对于我国学生也就困难较大。如前所述，营造英语课堂之美，有助于提升英语学习成效。营造英语课堂的语音层面的微观结构之美，也必然有助于提升学生的英语语音学习成效。

笔者曾经为学生提供显性的自主阅读、自主训练的英语语音学习，引导学生体验英语语音作为英语课堂微观构成之美，发展学生英语语音运用能力。

本书仅选择笔者为学生学习英语语音所撰写的学习指导中的三个小内容（重读与弱读、节奏、语调），作为案例进行说明如何在英语语音学习中营造英语课堂之美。其内容为学习指导，用词也是以学生为对象。特此说明。

1. 英语重读与弱读听说指导

许多英语常用词有两种或两种以上的读音，一种是重读式，一种是弱读式。在实际交流中，我们听到的英语有许多弱读现象，并非完全按词典标注的音去读。不懂得重读与弱读，就难以正确地传达意思。此外，把弱读读成重读也会影响说话的流利程度，导致说出的话缺乏节奏感。这一部分非常重要，它能使我们的表达更有节奏感、韵律感，使听者更容易理解我们想表达的重点。

我国学生常见的重读与弱读学习困难是：

*受母语发音影响，我们更习惯单词的重读式，例如我们更习惯把and读成/ænd/，而不是/ənd/、/ən/、/n/，弱读是学生学习英语的一大难点；

*很多学生知道了虚词需要弱读后，在朗读句子时，将虚词全部弱读，忽略了句子要表达、强调的内容，造成重点不突出，有的时候虚词也须重读。

我们怎么才能说出强弱得当的句子呢？可以采取以下步骤：先认真看讲解，了解重读与弱读常出现的情况；然后认真听录音，并模仿朗读例句；最后，看网上给出的语音打分是否达到8分，若达到，可思考一下我们是如何读准的，若没有，则需要继续练习。

先看重读与弱读的分析讲解。

（1）一般说来虚词在句子中要弱读，弱读式究竟该怎么读？一种形式是弱化为元音/ə/，如as /æz/和an /æn/一般弱化为/əz/和/ən/，另一种是缩短元音的长度，如he、she、me、we、be、been中的长元音/iː/变为短元音/ɪ/，who、you、to中的长元音/uː/变为短元音/ʊ/。

我们一起来听一听下面这些句子，尝试跟读：

听录音，跟读：

The streets are wide and clean.

I am so glad to see you again.

图5–1
句子中虚词弱读范例

（2）重读式主要用于强调或孤立提及某个单词时，这个词通常是实词，即有实际意义的词，如名词、动词、形容词、副词等。弱读式主要用于虚词，即没有完整词汇意义的单词，包括助动词、介词、连接词、冠词以及代词等。但这并不是绝对的，虚词在下面的情况中还是要重读的：如强调或突出某个虚词或be动词时，应将其重读，在“We saw him playing by the river.”这句话中的we和him一般不重读，但为了表示强调也可以重读，如果we重读，则强调是“我们”而不是别人看见；句子末尾的be动词和助动词一般要重读，如“Are you a student? Yes, I am.”对话中的am要重读；助动词、情态动词和be与not连用时一般要重读，如“I don’t like that book.”。

图 5–2
句子中部分虚词重读范例

听录音，跟读：

When we heard that, I almost hit the roof.

She was here just now.

This toy is for her, not for him.

I don't mean that at all.

2. 英语节奏听说指导

和音乐一样，语言也有节奏，简单来说，语言的节奏是由语音的长短、高低、强弱这三方面特质决定的。英语和汉语虽然都讲究节奏，但英语的节奏讲究轻重搭配，汉语的节奏则讲究声调（平仄）搭配。

我国学生常见的英语节奏学习上的问题是：

*不少学生，尤其是具备了一定英语学习基础的学生常常错误地认为英语说得快就是说得好，因此在说英语时一味求快，没有停顿，给人不知所云之感；
*重音多而不重，轻音少而不轻，最后造成每个音节所承载的轻重力度大致相同，重读音节不够凸显，重读音节与非重读音节的时长差异也不明显。

怎么才能说出有节奏感的句子呢？我们同样可以采取“重读与弱读”学习指导中的步骤，先看节奏的分析讲解。

（1）要掌握英语的节奏，有一点也很重要，那就是停顿。不少人以为流利就是不停顿，这是一种误解。讲话如果没有停顿，必然会造成理解障碍。当然，如果停错了地方，也会令人费解，甚至会造成误解。如“Stamp it on yourself.”读成“Stamp it | on yourself.”，那是“把它贴在你自己身上”的意思，如果读成“Stamp it on | yourself.”，则意思是“你自己把它贴上去吧”。

我们一起来听一听下面这些句子，尝试跟读：

听录音，跟读：

A quick tour of the city would be nice.

Both my brother and I are fond of collecting stamps.

图 5–3
句子中正确停顿的范例

（2）英语是非常有节奏感的语言，英语的节奏单位叫音步。音步由一个或几个音节组成，多数音步以重读音节开始，如果一句话的开头是非重读音节，那么句子的第一个音步应当包括这个（或这些）音节。一句话可以由一个或几个音步组成，每个音步里的第一个音节叫作句子重音。我们在练习的时候可以打拍子，节拍打在重读音节上。一般来讲，一句话里有几个重读音节就有几个音步，也就有几拍。为了避免出现“重音多而不重，轻音少而不轻”的现象，重读音节要重、慢、清晰，非重读音节要轻、快、模糊；对待句子重音后面的非重读音节，应打破单词之间的结构关系，按音步来读；无论一个音步包含多少音节，都应保持一句话中每个音步所占的时间大体相同。

请看以下例句，尝试跟读：

听录音，跟读：

Let him | go.

O o O

He asked me to | help him.

O O o o O o

图 5–4
句子音节重读与非重读范例

I have to | finish my | work to| night.

o O o O o O o O

3. 语调听说指导

语调,即说话的腔调,就是一句话里声调高低抑扬轻重的配制和变化。世界上没有一种语言是用单一的声调说出来的,以英语为例,英语有五种基本语调:升调、降调、升降调、降升调以及平调。一句话除了词汇意义还有语调意义。所谓词汇意义就是话中所用词的意义,而语调意义就是说话人用语调所表示的态度或口气。一句话的词汇意义加上语调意义才算是完全的意义。同样的句子,语调不同,意思就会不同,有时甚至会相差千里。

我国学生常见的语调学习上的问题是:

*在英语学习初期,我们常常认为陈述句就是用降调,学生因此将降调作为陈述句的默认语调;
*在学习英语过程中,学生常常忽略语境和场景,忽视说话者通过语调变化传达的感情和意图,坚持在陈述句中使用降调。

我们怎么才能在表达时使用正确的语调呢?具体学习步骤可参照"重读与弱读"的学习指导,下面请先看语调的分析讲解。

在实际场景中,陈述句除了用降调,还可用升调、降升调等来表达说话者的不同意图,如说话者对说话内容表示疑问、讽刺等态度时,这些句子将不再一味使用降调。

(1) 当我们想表示疑问或者确认某种信息时，我们通常要用升调，比如这两句话“He is the President.”和“This is your room.”，我们不能再用降调。

图 5-5
陈述句中使用升调的范例

听录音，跟读：

He is the President.

This is your room.

(2) 当说话者表示对比、讽刺，或者提出包含强烈的感情色彩的警告等时，我们可以使用降升调，如下面这两个句子。

图 5-6
陈述句中使用降升调的范例

听录音，跟读：

He is very handsome.（他可真够“帅”的。语气表示讥讽。）

You will miss the flight.（你会误机的。提出警告，再不快点，就赶不上飞机了。）

以上内容在较大范围内实践使用，效果非常显著，学生不仅学习了英语语音，而且在这一过程中感受到了英语语音之美，形成了积极的英语学习审美体验。显然，这种讲解与操练结合的学习指导有助于引导学生深度体验语音层面英语课堂的微观结构之美，发展学生对英语课堂的审美体验、英语语音能力以及语言运用能力等核心素养。

二、营造语篇层面的英语课堂音韵之美

英语音韵之美不仅表现在语句层面，更表现在语篇层面，不仅表现在人类共性的诗歌韵律这些层面，还表现在语篇语义层面，如

语篇语义分析中讨论的态度韵律[1]。

基于高彦梅教授的研究，我们知道语篇评价功能的人际意义的实现结构为韵律。“语篇的评价体现的是人际意义，因此（评价）态度结构也体现为韵律结构。”根据介绍，态度韵律结构有三种类型：渗透型（saturation）、加强型（intensification）、指导型（dominating）。渗透型态度韵律是随机的，分散在语篇各处，不进行有意的强调，其态度也体现为不强调突出自己的态度；加强型则是逐渐加强自己的态度，直到形成自己态度的高潮；指导型则是先进行态度的总体说明，再进行分布说明。高彦梅教授给出了具体的案例分析，其案例对于中学生有一定难度，笔者结合阅读策略进行理论说明。

第一步，学生阅读以下语篇：

Well, China is a great country, as you all know. It is not only large and populous but has some brilliant new inventions(1). I love the gaotie high-speed train very much. It makes my travel in China really fast and convenient(2). I often board a high-speed train at eight in the morning in Beijing and arrive at Shanghai at about noon. Then, I can attend a grand shop opening banquet and meet some new business partners in the afternoon and then board a train back to Beijing in the evening. I can enjoy some drinking with my friends in a Sanlitun bar at early night time. Is it awesome(3)? By the way, you can do your business work during your gaotie trip(4). I can hold a business proposal writing meeting on Wechat or do my emails on the train. Come to China and I believe you can enjoy your business growth here!

1. How many sentences do not show the author’s attitude towards China?

A. 11. B. 6. C. 1. D. 0.

1 高彦梅. 语篇语义框架研究 [M]. 北京：北京大学出版社. 2015.

2. Which groups of words showed the author's attitude towards China?

A. great, large, populous, brilliant, love ... very much, fast and convenient, grand shop opening banquet, new business partners, enjoy some drinking, early night time, awesome, do your business work during your gaotie trip, enjoy ... growth

B. great, large, populous, brilliant, fast and convenient, grand shop opening banquet, new business partners, enjoy some drinking, early night time, awesome, enjoy ... growth

C. great, brilliant, love ... very much, fast and convenient, grand shop opening banquet, new business partners, early night time, awesome

D. great, brilliant, love ... very much, fast and convenient, awesome, do your business work during your gaotie trip, enjoy ... growth

3. From the highest and lowest, the sequence of sentences that showed the author's love to China is ________________.

A. (1) (2) (3) (4) B. (4) (3) (2) (1)

C. (1) (3) (2) (4) D. (3) (2) (1) (4)

第二步，引导学生分析文章。短文中每一个语句都表达了作者对中国的态度，没有任何一个与态度无关的语句。我们可以深度分析作者表达态度的结构，语句1～2是总述，语句3～10是对高铁的便利性的描述，其中语句3是对高铁态度的总述，语句4～8描述的是高铁速度带来的便利，语句9～10描述的是列车运行途中的便利，语句11表述的是建议。在每一部分，作者都用某些方式表达了态度。这种分析不仅有助于学生阅读理解，而且对学生学习写作非常有帮助，学生可以学习如此写作以表达自己的态度。

这里可以引导学生发现：即使是grand shop opening banquet,

new business partners这些看起来在国外也会出现的情境，在此处作为对中国情况的描述，有助于引导本文预设的读者对象（可能有意愿来中国开展业务的外国企业家）发现中国市场之大、机会之多，也是对中国的一种赞扬。所以第1小题的答案应是D，因为整段文章都是表达作者对中国的积极态度。第2小题答案是D，因为A、B、C选项中都有在任何国家都可以做的事情，如grand shop opening banquet，甚至在一个处于发展初期的发展中国家也可能会有这样的活动，而D项的词及其描述内容都是当前中国独特的情景。第3小题答案是D，“Is it awesome[3]?”用形容词和疑问句形式以明确的语气表达作者的积极态度；“It makes my travel in China really fast and convenient[2].”用really强化两个积极意义的形容词fast和convenient；“It is not only large and populous but has some brilliant new inventions[1].”则是用brilliant这一积极意义的形容词描述新发明；“By the way, you can do your business work during your gaotie trip.[4]”也是以积极意义描述行为，但没有用积极意义的形容词、副词等。

我们把11个语句按照韵律级别排列的话，可以看到这样的结构：

表5-1
范文语句按韵律级别排列

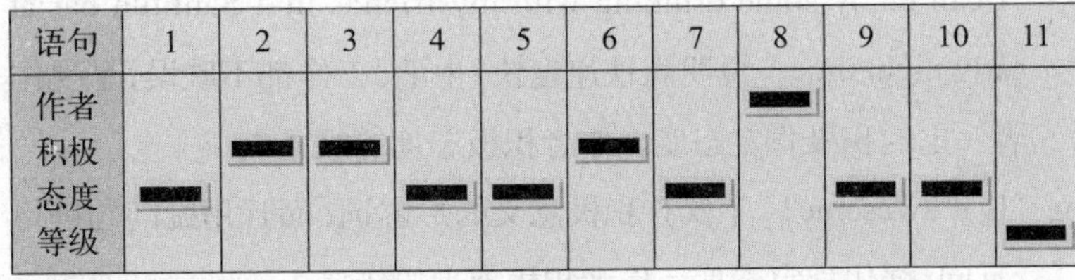

注：这里设等级1～4，1为最低，4为最高，这一设置是分析者为此处进行分析而单独设计的。

笔者结合上表进行全文逐句分析，引导学生深度体验语篇层面的音韵之美：

✧ “Well, China is a great country, as you all know.”中great虽然表达作者很积极的肯定态度，但as you all know使作者态度更加趋于中性。作者对中国的积极态度等级为2。

✧ "It is not only large and populous but has some brilliant new inventions."中brilliant呈现作者的积极肯定态度。作者积极态度等级为3。

✧ "I love the gaotie high-speed train very much."中love比like等呈现出作者更加肯定的态度，而且比"The gaotie high-speed train is very fast."更加说明态度。作者积极态度等级为3。

✧ "It makes my travel in China really fast and convenient."中fast and convenient呈现作者的积极肯定态度，虽然fast未必是所有企业家的共同追求，但convenient是大多数企业家的追求。作者积极态度等级为2。

✧ "I often board a high-speed train at eight in the morning in Beijing and arrive at Shanghai at about noon."是说明高铁的速度和便利，虽然没有使用形容词，但选择了具有积极、肯定意义的事实，态度依然比较积极。作者积极态度等级为2。

✧ "Then, I can attend a grand shop opening banquet and meet some new business partners in the afternoon and then board a train back to Beijing in the evening."既说明高铁便利，又呈现了grand、new等积极可能，呈现作者较强的积极肯定态度。作者积极态度等级为3。

✧ "I can enjoy some drinking with my friends in a Sanlitun bar at early night time."说明高铁速度快，生活、工作都不耽误，呈现作者一定的积极肯定态度。作者积极态度等级为2。

✧ "Is it awesome?"不仅有积极意义的形容词，而且用疑问句进行反问，强化肯定态度。作者积极态度等级为4。

✧ "By the way, you can do your business work during your gaotie trip."说明高铁便利，呈现作者一定的积极肯定态度。作者积极态度等级为2。

✧ "I can hold a business proposal writing meeting on Wechat or do my emails on the train."说明高铁便利，呈现作者一定的积极肯

定态度。作者积极态度等级为2。

✧ "Come to China and I believe you can enjoy your business growth here!"也表达了作者的积极态度，但不是针对中国，而是对于读者对象，可能来华的企业家。作者积极态度等级为1。

显然，这一语篇的态度韵律是随机的结构，表现为指导型韵律，先呈现总体态度，再呈现具体态度。语篇的态度韵律本身不是加强型，而是随机的，"Is it awesome?"这类较为强烈的态度不是在开始，也不是在最后，而是随机地出现在需要出现的地方。

本文所采用的结构使作者的态度非常具有说服力，态度明确，却又不刻意，让人感受到态度，但又不过于浓郁。以让人可以接受的方式表达态度，尤其是以读者为中心表达态度，有助于加强文章的说服力。这一结构非常恰当地体现了态度韵律之美的功能。

第二节　营造英语课堂节律之美

节律是一种普遍存在的自然现象。白居易对琵琶弹奏的诗意描述，无论是"大弦嘈嘈如急雨，小弦切切如私语。嘈嘈切切错杂弹，大珠小珠落玉盘"对节律的节奏的描述，还是"间关莺语花底滑，幽咽泉流冰下难。冰泉冷涩弦凝绝，凝绝不通声暂歇。别有幽愁暗恨生，此时无声胜有声"对节律的情感的描述，甚至"银瓶乍破水浆迸，铁骑突出刀枪鸣。曲终收拨当心画，四弦一声如裂帛"对节律的高潮与终结的描述，都非常具有诗情画意，而且其诗句本身也富有节律之美，这正是因为他精准地把握了曲韵最本质的特征之一——节律。

宇宙有着可以确定的运行节律，日出日落就是这种节律的表现；大自然存在生物节律，如日出而作、日落而息是很多动物的生物节律；语言存在语言节律，汉语、英语都是非常典型的有着显著节律的语言；学生的学习也存在节律，因无知而无感、被吸引、积极投入、兴奋学习、兴趣逐渐减弱、不再感兴趣是普遍存在的学习节律。因为人的生命的节律特性，使得与已知节律相符，激活形成新的节律，成为人的一种审美偏好[1]。著名哲学家怀特海在其名著《教育的目的》中提出“教育节律”的基本概念，认为教育的基本节律是奇异、准确和概括三部曲，对课堂教学具有重要启示[2]。基于美学领域、生物学领域、教育学领域对于节律的研究，分析自己的教学实践，尤其学习古筝的节律感的体验，笔者发现，节律是英语课堂活动的脉动，符合学生学习节律、生物节律的高中英语课堂活动，能达到非常显著的教学成效。

英语课堂的节律之美包括多个领域，限于篇幅，笔者仅从节奏、起伏两个视角，探讨营造英语课堂节律之美的实践。本章所分析案例与第四章所分析案例为同一单元的教学，但视角不同。这一方面说明我们可以从不同视角审视和体验，甚至营造英语课堂之美，另一方面也说明我们应该整合多种审美路径，营造综合的英语课堂之美，而不是每次只是从单一视角营造英语课堂之美。美是综合的，营造英语课堂之美也应是综合的。

一、有序起伏：高中英语课堂学习过程的脉动

大量研究发现，人的生物性节律直接影响学生学习，课间休息就是基于学生的生物性节律而设计。基于学生的生物性节律设计一节课有序起伏的学习过程，有助于学生有效学习。学生有效学习的生物性节律基本形态呈现为：一开始因为无知而无感，随后被

1 陈晓春.“本原性节律”的感应与表达：从中国哲学到中国艺术［J］. 四川师范大学学报(社会科学版). 2010(11)；曾永成. 节律感应：人本生态美学的核心范畴［J］. 江汉大学学报(人文科学版). 2007(04).

2 ［英］怀特海(Whitehead, A. N.). 教育的目的［M］. 庄莲平，王立中译. 上海：文汇出版社. 2012.

教师的导入、学习的内容所吸引，然后在教师、学习内容和导入感知的引导下而开展积极兴奋的学习，在高强度学习之后，学生的精力、兴趣逐渐减弱，甚至不再兴奋、不再感兴趣，从而结束学习，终止这一内容的学习节律。这是普遍存在的学习节律，高中英语课堂学习过程也总体如此，只是每一节课中每一环节的时间长度千差万别而已[1]。

在笔者刚开始从事高中英语教学时，经常在上课一开始就集中进行十来分钟高强度、大范围的词汇教学，对课文学习中会遇到的生词进行集中讲解，扩展词义，结合高考题型进行词义辨析、语句翻译，以图在扫清词汇障碍之后，再进行课文阅读理解。但笔者逐渐发现，学生在上课一开始往往精力不集中，学习不兴奋，这种高强度、大范围的词汇教学效果并不突出。后来，笔者将课文学习之前的词义理解仅限于课文之中的词义，让学生课前预习时形成基本了解，不要求学生完全理解，不严重制约课文理解即可，而在课文学习之中，笔者再结合课文，引导学生准确理解词义，并结合学生生活、教师生活进行举例运用实践。

如在开展《英语》（高中，人教版）选修八第四单元*Pygmalion*教学之时，对于condemn to的教学，笔者要求学生课前预习时基本了解其含义，在进行到这一内容教学时，笔者让学生讨论“What does Higgins think condemns Eliza to an endless poor life? Why?”，引导学生深度理解condemn sb to sth，在笔者设定的学习目标中这个短语只要求学生理解，不过由于课文呈现的不是condemn最主要的语义，而其最主要语义又需要学生理解，所以笔者通过呈现更多例句，让学生理解condemn的主要语义。

在对于fancy的教学中，由于笔者长期引导该班学生进行大量课外阅读，而且经常为该班学生播放英语电影与短节目视频，学生已经接触过fancy这个词，大多数人已经基本掌握其

1 李林，郭秀艳. 时间节律的内隐学习及其特征：来自双维度SRT的证据 [J]. 心理科学. 2007(05).

用法，而且能够准确运用，但为确保更多学生能理解会运用该词，笔者在第二课时教学中遇到fancy一词时，先让学生对课文中“I rather fancy myself.”的语义进行理解，并找出原因，然后提问“Do you fancy yourself? Why or why not?”，引导学生讨论，从而使优秀学生有机会展示自己的运用能力，同时以此作为教学内容，帮助尚未掌握该词的学生进一步掌握其用法。这一让学生课前自主学习词汇，在教学过程中再根据预定目标进行教学的方法，因为符合课堂活动有序起伏的基本节律对学生更加有效。

二、散板咏叹：高中英语课堂呈现活动的脉动

在课堂导入之后，教师要呈现学习内容，让学生感知学习内容，此阶段的基本脉动形态应该就像较为自由的散板的咏叹调。从呈现而言，呈现学习内容需要整体呈现学习内容的核心素养，因为语言材料，尤其是课文，本身是一个整体，是核心素养的整体呈现，不适宜单向度地展示，否则会使学生出现对课文的误解。比如，在呈现课文时，若学生不理解语篇知识、语境知识、语用知识的基本内容，就可能过于关注课文细节，而无法从语篇整体把握细节，这会导致他们对细节的误解。

*Pygmalion*是一出著名的话剧，其中Higgins对Eliza的态度非常专横，是作者萧伯纳猛烈批判的男权主义的典型代表，而Eliza则是作者所肯定的女性人格独立的代表。若不从整体理解这些语篇知识、语境知识、语用知识，就很难理解为什么Higgins总是对Eliza那么刁难，也很难理解Eliza最后离开Higgins的原因。对于这些背景，若我们采取讲解的方式进行陈述，或许三两分钟就能讲完，但当代中国高中学生肯定难以理解这部20世纪早期的英国作品。笔者在开始本单元教学之前，先组织学生观看根据这部话剧改编的电影*My Fair Lady*，让学生基本理解剧情（当然，电影与话剧有一些不

同），然后基于教材从希腊神话中的Pygmalion导入，引导学生讨论“究竟是什么赋予了Galatea生命”“若Galatea有自主意识，她可能会怎样对待Pygmalion”，然后介绍作者、诺贝尔奖授奖词、剧本主要影响，此时笔者没有要求学生理解、讨论Higgins与Eliza的关系，而是让学生思考“他们的关系是否与希腊神话中Pygmalion与Galatea的关系一样”，并要求学生在整个单元学习过程中慢慢思考。在随后整个单元的教学中，笔者四次引导学生讨论Higgins与Eliza的关系，引导学生经过多次往复深度把握这个较为复杂的，甚至可能是永远存在不同看法的问题。正是这种散板，这种一咏三叹的节律，帮助学生深度理解了这部话剧，学生在本单元最后两个课时围绕话剧主题展开了非常丰富，但各有其理的讨论，很多学生表示这一讨论会对他们产生终生影响。显然，主题的呈现，尤其是重要主题、永恒主题的呈现，不可能，也不应一次完成，需要散板咏叹。

三、慢板留白：高中英语课堂内化活动的脉动

学习的关键在于内涵，内化是一个知识、能力、素养的内在孕育过程，只有经历这一过程，课堂教育目标才可能真正实现。就如十月怀胎，知识、能力、素养的孕育不可能一朝而成，而需要完整的发育和生长过程。一母所生的孩子成长并不相同，因为每个孩子在发展中选择了不同的发展方向与形态，正是个人的这种多样性的发展，人类文化才有多样性的发展，而文化多样性是比生物多样性更加珍贵的人类财富与资源。这种多样性发展来自发展空间的多样性，这种多样性来自发展空间的留白，而不是单一性。因此，慢板而且留白，是高中英语课堂学生内化所学知识、能力、素养的孕育形态。

如同任何单元的教学一样，*Pygmalion*的教学中可以促进学生内化的知识、能力、素养很多，笔者为学生提供多种可能，由他们自主地进行内化。仅以价值取向为例，经过系统分析这部话剧，笔者在备课阶段形成了以下可能目标选项：

表5-2
*Pygmalion*学习目标可能选项表

范　畴	可　能　选　项
作者的可能本义	社会批判：社会以口音确定身份 男权批判：Higgins表现出的男权主义 妇女解放：Eliza追求实现个人价值 人的改造：人可以得到改造
可以引发的更多思考	人性批判：Pygmalion本身的占有心态，从儿童的玩具占有到财富占有、国家占有 帮助：受助人愿意接受的帮助是向善的 歧视：歧视本身是否是一种自我感知，如何面对歧视，甚至转化为一种优势，比如转化为动力 语言与素养：语音更主要显示外在，语言内容才能显示素养（Eliza的语音与语言内容） 幸福：Eliza的选择是服从于其自我认知的，而不是他人认知的
学生可能愿意探讨的问题	1. 如果Eliza的口音不被歧视，Eliza就会幸福吗？ 2. Eliza为什么选择Freddy？他们会幸福吗？什么是Eliza的幸福？ 3. 到底是谁改变了Eliza？ Higgins、Pickering、Freddy、Eliza自己各自有什么作用？这种改变对Eliza是积极的吗？是她所希望、需要的吗？ 4. 非主角Pickering、Eliza的父亲、Mrs Pearce等有怎样的批判意义？ Doolittle的名字说明了什么？ 5. Eliza有哪些值得你学习之处？有哪些你应借鉴之处？ Higgins呢？ Pickering、Freddy等角色呢？ 6. 萧伯纳为什么以*Pygmalion*命名这部话剧？是因为Higgins与希腊神话中的Pygmalion一样拒绝婚姻，却在打造一位年轻女性之后意图与之结婚吗？ 7. 如何理解Pygmalion效应的意义与Pygmalion神话故事之间的关联？ 8. 你愿意接受这样的自我变革吗？在遇到改变命运的机遇时，你会像Eliza一样选择接受变革的挑战还是保持自我呢？

在教学过程之中，笔者根据学生的反馈选择相应的问题，引导学生展开讨论。以上所列可能选项中，三分之二的内容在本单元教学中展开了讨论，笔者在教学之中、之后把剩余三分之一的问题呈现给学生，留作一种空白，供学生自主思考。

少许学生不能马上形成自己的回答，笔者给他们充足的时间，可以课后思考，或者让学生相互讨论、探究，形成自己的观点，然后再进行全班讨论。对于学生内化有一定难度的问题，在课堂提问环节，笔者总是给学生充分的讨论时间、足够的课外思考时间，在他们准备充分之后，再进行陈述。正是运用这种留白，本班学生用了八课时才完成本单元的学习，但从学生课后反映来看，这个单元的充分学习，或将对他们形成终生影响，这应该就是慢板留白的内化过程所期待的。

四、行云流水：高中英语课堂产出活动的脉动

课堂学习的最终目标是学生核心素养的发展，而这一发展以语言能力为基础，学生以其语言产出展示其语言能力、文化意识、思维品质、学习能力的发展。在高中英语课堂上，学生的产出活动需要教师给予足够的时间、空间，从而保证学生行云流水般的语言产出活动。

笔者在*Pygmalion*单元教学的十多次讨论中，总是给学生足够的时间，让有表达意愿的学生充分表达，以至于往往到下课时间学生依然不愿停止讨论，继续陈述自己的观点。这个单元最后的剧本续写也给学生充分表达的时间、空间，甚至有学生预约在学校英语节表演这部话剧或者自己的续写。

高中课堂教学时间有限，延展至课外的产出，是高中英语课堂非常重要的时间、空间的延伸，从而可以较为充分地形成行云流水的产出。

五、和谐复调：高中英语课堂核心素养的脉动

任何真正的美都是和谐而且多样的。音乐有复调，和弦才动听，单有高音C，延续几秒钟就不再动听，而是刺耳。画作要疏密相间、色彩斑斓（水墨画也有浓淡、飞白），方才有美，黄色小猫再可爱，满纸密密麻麻都是黄色小猫，也不再赏心悦目，而是闹心。一节课亦应如此，尤其是对绝大多数中国学生具有一定难度的英语课，更应奏出师生之间和谐的复调。

英语课堂的复调应该是师生主体间的对话与互动。在教师讲

授、指导等环节，是教师主体的主导，学生则在教师引导下学习；在学生提问、训练、展示等环节，是学生主体的主导，教师根据学生需要进行协助。课堂的活动是一种师生互动，活是活跃，动是行动，活动首先应该active，然后才是action，充分发挥师生在教学不同环节的主体性，保证其主动性的充分展现，同时，在作为客体时把握其客体定位，就能和谐地开展教学活动。

需要注意的是，小学英语课堂的活跃主要是行为的活跃，中学英语课堂的活跃则主要是情感的活跃、思维的活跃、语言的活跃、学习的活跃，所以高中英语课堂的活动更要关注文化意识、思维品质，以及语言行为与学习行为。

如何促使学生在活动中表现活跃，发现活动有明确的目标，或者认定活动肯定会有明确的目标？笔者要让学生发现或认识到活动的有效性。笔者在进行*Pygmalion*教学之前，给出学习可能目标（见表5-2），由学生自主选择，并引导学生在整个单元学习过程中关注自设目标的实现进程，确保其目标的实现。在多个课时的教学中，学生展开讨论时间较长，笔者在取得全班同学同意后，引导愿意发表观点的学生充分发表自己的观点，完成展示。尽管这种展示有时导致预设的本节课的教学活动延迟到下一节课，但笔者依然愿意给学生足够的展示时间，以确保学生的积极性得到充分发展。

这种和谐、复调的师生活动，不仅有助于发展学生的英语语言能力，更有助于发展学生的文化意识、思维品质和学习能力，使其成为发展核心素养课堂活动的基本脉动。

第六章

棋之美：英语课堂的结构美

弹棋歌[1]

（唐）韦应物

园天方地局，二十四气子。
刘生绝艺难对曹，客为歌其能，请从中央起。
中央转斗破欲阑，零落势背谁能弹。
此中举一得六七，旋风忽散霹雳疾。
履机乘变安可当，置之死地翻取强。
不见短兵反掌收已尽，唯有猛士守四方。
四方又何难，横击且缘边。
岂如昆明与碣石，一箭飞中隔远天。
神安志惬动十全，满堂惊视谁得然。

1 http://www.bytravel.cn/761/104546013.html，2017年3月20日析出。

作者说明：韦应物（737—792），唐代诗人，诗风恬淡高远，以善于写景和描写隐逸生活著称。

世间万物，只要是一独立存在体，便需要有结构，以划分这一独立存在与另一独立存在的边界。英语课堂也需要结构，一节课有开始，有结束，这便是一种时间结构，一节课总在一个课堂里进行，无论这个课堂多大，即使是整个世界，也是一种结构，一种空间结构。英语课堂之美也需要结构。从结构这一视角审视、体验和营造英语课堂之美，便类似于棋局，有宏观格局，有微观布局，有层次成局，有经纬设局，等等，一如韦应物诗中所描述，有以天地为局的宏大，有中央的格局，有四方的定位，有缘边的确立，才有举一得六七、霹雳疾、死地翻取、一箭飞中等各种可能。

棋局的结构丰富多样，而且可以变化无穷，但核心只有一个：弈棋之美（愉悦）。弈棋的主要目的是赢，其实输也是一种目的，因为弈棋本身就可能输，而弈棋之美才是无论输赢都可以体验的棋之美。英语课堂结构一如棋局，丰富多样，而且可以变化无穷，营造英语课堂的结构之美的目的也不在于结构本身，而在于学生的课堂学习目的，即在于学生发展，在核心素养时代，则是学生核心素养的发展。

结构本身具有各种分类方法，不同分类源于不同视角，或者源于对不同对象的分类，分类不同的目的在于从不同视角获取认知。英语课堂的结构也可以从不同视角进行分类。基于课堂之美的视角，本章从宏观结构、微观结构、分层结构三个维度，探索营造英语课堂的结构之美的可能。

第一节　营造英语课堂宏观结构之美

英语课堂的结构之美，首先在于宏观结构之美，因为英语课堂的宏观结构可以从整体格局上让学生体验英语课堂结构之美，实现英语课堂学习目标。如绪论所述，英语课堂核心在课，而课的宏观结构则在于学校设定的英语课程结构，并落实到教师的课堂教学中的内容结构。

一、营造学校课程层面的英语课堂宏观结构之美

学校课程结构源于国家课程政策，于英语，则主要是国家的高中英语课程标准。《普通高中英语课程标准（2017年版）》专门设置了"课程结构"部分，并对高中英语课程结构的设置原理进行了说明。

1．以普通高中课程方案为依据，构建多元的英语课程结构

普通高中英语课程设计以普通高中课程方案为依据，在义务教育的基础上，遵循高中课程应体现的时代性、基础性、选择性和关联性原则，建构由必修、选择性必修和选修三类课程相结合的课程结构，满足高中学生多元发展的需求。其中必修课程是所有高中学生都需修习的课程，为他们的未来发展奠定共同基础；选择性必修课程是有升学要求的高中学生必须修习的课程，也供有个性发展需求的学生选修；选修课程分为两类，一类是在必修和选择性必修基础上设计的拓展、提高和整合性课程，供特色学校和英语基础扎实的学生选用，一类是学生根据自己的学习需求任意选修的课程。必修、选择性必修与选修相结合的课程结构有利于促进学生全面又有个性的发展，为学生终身学习奠定基础，也为学生适应未来社会生活、接受高等教育和规划职业发展做准备。

2．从课程发展现状出发，调整课程结构与要求，实现轻负增效

高中教育是面向大众的基础教育，由于各地英语教育资源不均衡，导致学生英语水平差异较大。此外，高中学生的兴趣和未

来发展取向呈现出多元化特点，单一的课程结构和统一的学业要求已无法满足学生的个性发展需求。因此，高中英语的课程设计应从现状出发，通过优化必修学分、合理控制学习难度、增加选修学分、设置多样化课程等方式，力求优化课程结构、精选课程内容、完善教学方式，构建一个分层分类、动态多样的课程体系和多元化的学业质量评价机制，使学生在具备学科共同基础的前提下，自主选修适合自己水平、兴趣和未来发展需要的课程，从而体现因材施教，实现轻负增效。

3. 构建与课程目标一致的课程内容和教学方式

实现英语学科核心素养的课程目标，必须构建与其一致的课程内容和教学方式。基于对本学科课程标准的国际比较以及对学科前沿理论的梳理，针对英语教学存在的教学内容碎片化现象和为考试而教等突出问题，《普通高中英语课程标准（2017年版）》提出了由主题语境、语篇类型、语言知识、文化知识、语言技能和学习策略六要素构成的课程内容以及英语学习活动观。具体而言，指向学生英语学科核心素养的英语教学应以主题意义为引领，以语篇为依托，整合语言知识、文化知识、语言技能和学习策略等学习内容，创设具有综合性、关联性和实践性的英语学习活动，引导学生采用自主、合作的学习方式，参与具有主题意义的探究活动，并从中学习语言知识，发展语言技能，汲取文化营养，促进多元思维，塑造良好品格，优化学习策略，提高学习效率，确保语言能力、文化意识、思维品质和学习能力的同步提升。英语学习活动是英语课堂教学的基本组织形式，是落实课程目标的主要途径。实施好英语课程需要有机整合课程内容，精心设计学习活动，以实现目标、内容和方法的融合统一。

基于以上课程结构设计理念，《普通高中英语课程标准（2017年版）》制定了高中英语课程的宏观结构：

表6-1
高中阶段英语课程结构

<table>
<tr><th colspan="9">高中阶段英语课程结构</th></tr>
<tr><th>类别
要求</th><th>必修课程
6学分</th><th>选择性必修课程
0～8学分</th><th colspan="6">选修课程
0～6学分</th></tr>
<tr><td rowspan="3">提高要求
↑</td><td></td><td></td><td>英语10
(2学分)</td><td rowspan="3">提高类</td><td rowspan="10">基础类</td><td rowspan="10">实用类</td><td rowspan="10">拓展类</td><td rowspan="10">第二外国语类</td></tr>
<tr><td></td><td></td><td>英语9
(2学分)</td></tr>
<tr><td></td><td></td><td>英语8
(2学分)</td></tr>
<tr><td rowspan="4">高考要求
↑</td><td></td><td>英语7(2学分)</td><td colspan="2"></td></tr>
<tr><td></td><td>英语6(2学分)</td><td colspan="2"></td></tr>
<tr><td></td><td>英语5(2学分)</td><td colspan="2"></td></tr>
<tr><td></td><td>英语4(2学分)</td><td colspan="2"></td></tr>
<tr><td rowspan="3">毕业要求
↑</td><td>英语3
(2学分)</td><td></td><td colspan="2"></td></tr>
<tr><td>英语2
(2学分)</td><td></td><td colspan="2"></td></tr>
<tr><td>英语1
(2学分)</td><td></td><td colspan="2"></td></tr>
</table>

应该说，高中英语课程结构的必修部分我们非常了解，因为这其实也就是传统的高中英语课程的内容。而选修部分，尽管2003年以来一直有不少实践，但依然没有成为高中英语课程的主要内容。为此，《普通高中英语课程标准（2017年版）》对高中英语选修课程也提出了具体建议。

表6-2
高中英语选修课程建议

<table>
<tr><th colspan="2">选修课程
0～6学分</th><th>课程名称</th><th>备　注</th></tr>
<tr><td>国家设置或学校自主开发的课程</td><td>基础类</td><td>基础英语</td><td>为完成必修课程有困难需要补习基础知识与基本技能的学生开设。学生可在高中三年内的任何学期选修。</td></tr>
</table>

（续表）

<table>
<tr><th colspan="2">选修课程
0 ～ 6学分</th><th>课程名称</th><th>备　　注</th></tr>
<tr><td rowspan="4">国家设置或学校自主开发的课程</td><td>实用类</td><td>职场英语
旅游英语
科技英语
英汉互译</td><td>为有兴趣和有就业需求的学生开设。学生可在高中三年内的任何学期选修。</td></tr>
<tr><td>拓展类</td><td>英语国家社会与文化
跨文化交际
英语报刊阅读
英语文体与修辞
英语文学赏析
英语影视欣赏
英语戏剧与表演
英语演讲与辩论</td><td>为有意愿拓展兴趣、发展潜能和特长的学生开设。学生可在高中三年内的任何学期选修。</td></tr>
<tr><td>提高类</td><td>英语 8
英语 9
英语 10</td><td>为学有余力或报考外语类院校，以及具有特殊发展需求的学生开设。学生在完成选择性必修课程后方可选修。</td></tr>
<tr><td>第二外国语类</td><td>日语、俄语、法语、德语、西班牙语等</td><td>为有意愿学习另外一门外国语的学生开设。学生可在高中三年内的任何学期选修。</td></tr>
</table>

正如国家英语课程标准所指出，学校英语课程宏观结构的设计，要充分考虑学生的多元发展需求，设置有利于促进学生全面而有个性的发展的课程体系，为学生终身学习奠定共同基础，也为学生适应未来社会生活、接受高等教育和规划职业发展做好个性化准备。

显然，英语课堂不能只是必修教材、教材课文、高考试题的课堂，更应该是学生基于兴趣、人生规划、职业取向而学习各种英语选修课程的课堂，这样五彩缤纷、结构合理的课堂才真正具有英语课堂的宏观结构之美。

二、营造教学目标层面的英语课堂宏观结构之美

教学目标在课堂结构中是方向性的，合理的教学目标是课堂结构之美的方向之美，这是教学目标在课堂结构之美中表现的外在之

美。教学目标本身也存在结构，合理的教学目标在结构上应呈现英语课程的目标，以此才能呈现英语课堂教学目标结构的内在之美。过于关注细枝末节，或过于关注大而全的设计，都不是合理的教学目标的结构，不能实现教学目标结构之美。教师在课堂上对宏观结构的落实，在于教师对于教学目标的确定。对于每一课时的教学，英语课堂的宏观结构之美则体现在教学目标中，这些目标可以引导学生形成对于英语课堂宏观结构之美的审美体验。

传统的英语课堂教学目标往往聚焦于语言知识，比如学习哪些词汇、哪些语法项目，掌握到什么程度，等等；以及语言技能的目标，如发展什么阅读理解技能等。而在核心素养时代，英语课堂教学目标则应聚焦于学生核心素养，以核心素养形态引导学生形成基于英语课堂宏观结构之美的审美体验。

以下两例引自笔者编写的《高中新课程资源学习指南》一书，侧重于讲述单元学习目标的设计，与以往的微观教学目标有所区别，有助于引导学生形成对英语课堂宏观结构之美的深度体验。

表6–3
Run, Patti, Run 一文的宏观学习目标

项　目	可　选　目　标
语言能力	☐ 通过阅读、理解故事中各种行为与状态的时间，强化根据各种时态把握行为与状态的时间的能力，进一步发展运用多种时态陈述行为与状态的时间的能力，以及学习和发展阅读与讲述故事的能力； ☐ 通过阅读、理解故事中对自我行为的陈述，进一步强化宾语从句在陈述自我行为中的作用，并尝试使用宾语从句陈述自己的行为。
文化意识	☐ 通过分析主人公的决心与成功，进一步强化通过努力克服困难的毅力； ☐ 通过理解故事背景，进一步了解美国社会文化的一些相关特性。
思维品质	☐ 通过分析主人公的决心与成功，进一步思考突破常规思维的方法与条件； ☐ 通过分析与讨论，尝试辩证思考突破常规思维的优势与劣势。
学习能力	☐ 通过体验Break the chains on the brains的语音特性，发展基于语音记忆单词、学习单词的学习策略； ☐ 通过阅读、讨论、写作，体验学习、巩固时态与宾语从句的有效方法。

表6-4 *Run, Patti, Run*一文的学习目标分析

	Time and Events	Comprehend	Answer
Run, Patti, Run At a young and tender age, Patti Wilson was told by her doctor that she was an epileptic. Her father, Jim Wilson, is a morning jogger.	1. When Patti was young	1. What problems may "epileptic" Patti Wilson suffer?	
One day she smiled and said, "Daddy, what I'd really love to do is run with you every day, but I'm afraid I'll have a sudden attack."	2. One day		1. What may the sudden attack to Patti be?
Her father told her, "If you do, I know how to handle it, so let's start running!" That's just what they did every day. It was a wonderful experience for them to share and there were no sudden attacks at all while she was running.	3. After a few weeks		
After a few weeks, she told her father, "Daddy, what I'd really love to do is break the world's long-distance running record for women." Her father checked *the Guinness Book of World Records* and found that the farthest any woman had run was 80 miles.			2. What did her father find in *the Guinness Book of World Records*?
In view of her handicap, Patti was too ambitious, but she said she looked at being an epileptic as simply "an inconvenience". She focused not on what she had lost, but on what she had left.		2. What does "in view of her handicap" mean here?	3. Why is it "too" ambitious for Patti?
In her freshman year in high school, Patti completed her run to San Francisco wearing a	4. In her freshman year in high school	3. When is the freshman year?	

（续表）

	Time and Events	Comprehend	Answer
T-shirt that read, "I Love Epileptics." Her dad ran every mile at her side, and her mom, a nurse, followed in a motor home behind them in case anything went wrong.		4. What does "in case anything went wrong" mean here?	4. What is on her T-shirt? Why did she write this slogan on her T-shirt?
In her sophomore year, Patti's classmates got behind her. They built a giant poster that read, "Run, Patti, Run!" (This has since become her motto and the title of a book she has written.)	5. In her sophomore year	5. What does "got behind her" mean here?	5. When did she write her book? 6. When did she do her first marathon?
On her second marathon, a route to Portland, Patti fractured a bone in her foot. A doctor told her she had to stop her run. He said, "I've got to put a cast on your ankle so that you don't suffer permanent damage." "Doctor, you don't understand," she said. "This isn't just a dream of mine! I'm not just doing it for me. I'm doing it to break the chains on the brains that limit so many others. Isn't there a way I can keep running?" He gave her one option. He could wrap it in adhesive instead of putting it in a cast. He warned her that it would be incredibly painful, and he told her, "It will blister." She told the doctor to wrap it up.	6. On her second marathon	6. What does "fractured a bone in her foot" mean here? 7. What does a "cast" look like? 8. What does "adhesive" mean here? 9. What does "incredibly painful" mean here?	7. What did the doctor finally do?

（续表）

	Time and Events	Comprehend	Answer
Patti finished the run to Portland, completing her last mile with the governor of Oregon. You may have seen the headlines: "Super Runner, Patti Wilson Ends Marathon For Epilepsy On Her 17th Birthday."	7. After talking with the doctor		8. Where can you see the headlines?
After four months of almost continuous running from the West Coast to the East Coast, Patti arrived in Washington, which is more than 3,000 miles away and shook the hand of the President of the United States. She told him, "I wanted people to know that epileptics are <u>normal</u> human beings with normal lives."	8. After four months of almost continuous running	10. What does "normal" mean for Patti?	9. Who shook hands with her? Why did the person shake hands with her?

相比较于以上主要学习内容，以上语篇之前的教学目标的宏观结构之美能引导的审美体验更为显著，若无教学目标的宏观结构之美，我们可能会失去以上主要学习内容诸多可能的价值，比如学生可能非常认同“突破常规思维”的积极价值，而忽略学习目标中提到的“突破常规思维的优势与劣势”中的“劣势”。

教学目标的有效设置，还可以消解学生对学习内容可能形成的不准确理解。如以下学习内容，由于gleaning是《圣经》中一个有影响的词，使得学生可能因为听外教使用其宗教背景的意义而出现对学习内容的不准确理解，即夸大故事可能的宗教意义，而忽略故事可能的人类意义。

表6-5
*Leaving Some Behind for Birds*一文的学习目标分析

	Comprehend	Answer
Leaving some behind for birds As we drove by a recently harvested field, I saw a flock of sandhill cranes gleaning the left-over grain. I thought of the words in a holy book to suggest people to deliberately leave some produce behind for those less fortunate—the sort of people who wouldn't have land of their own from which to harvest. No simple handout, this law guaranteed them a chance to improve their lives while maintaining their dignity as they labored in the fields.	1. What does "maintaining" mean here?	1. Who left over the grains to the sandhill cranes? 2. Who are those less fortunate?
I also remember I have read some suggestions from some Chinese ethnic minorities which encourage harvesting people to leave some grains to the birds and the wild animals which shared the same habitat with us.		3. Why didn't the author encourage people to give some food to the less fortunate?
The command to leave behind the left-overs for the poor was not to be taken lightly. In fact, if nothing remained in the fields following harvest, the landowner could be punished.	2. What does "not to be taken lightly" mean here?	4. Why do you think it is not easy to take this command?
As I thought about leaving a little behind for those less fortunate, I remembered the words of some friends. Having no children and knowing they can't take their money with them, they've decided to spend every cent before they die. If anything happens to be left over (as I expect it will), a few well-off nieces will get it. Granted, this couple earned their money and it is theirs to dispose of as they wish. What shocked me, however, was their comment that "No charity will ever get a penny of it!" There will be no left-overs for the less fortunate from their field!	3. What does "dispose of" mean here?	5. Do you think the author's friends in the coming example will leave a little behind for those less fortunate? Why or why not?

（续表）

	Comprehend	Answer
There is in fact a law from the Hebrews: Don't to be greedy with their blessings. They learned that a joyful time, like a harvest, is a time for generosity and compassion. A wise man taught us in that vein when he commanded us to share our excess and to love our neighbor as ourselves. In most human cultures today, both faiths embrace the concept of sharing with and caring for others and encourage a willingness to give up what is rightfully ours to share with those less fortunate. Not generously loving is no more an option for us as human being than not leaving grain in the field was for the landowner.	4. What does "They learned that a joyful time, like a harvest, is a time for generosity and compassion." mean here?	6. Is your guess in the previous question right or wrong? How did you get the right/wrong answer?
I'm not a farmer—I have no fields, vineyards or olive trees—but I certainly have been blessed with more than I need. Remembering that time and talent are as a valuable as money, I imagine most of us have plenty of something that could be shared with those less fortunate. It has been said that the best thing anyone can give someone is a chance. The bits of grain left in the field gave the cranes nourishment and a better chance of surviving their long flight south. By leaving part of the harvest, the poor were given a chance to survive and better their lives. Do you have anything, even a few left-overs, to share that could give someone a chance?	5. What does "I certainly have been blessed with more than I need." mean here?	7. Do you think that it is a widely practiced principle to leave a little behind for those less fortunate? Why or why not? 8. Why does the author say "most of us"?

对于这一学习内容，我们可以通过设定以下学习目标，引导学生从人与自然这一人类共同的价值取向上去理解、把握这一学习内容的基本价值。

表6–6
*Leaving Some Behind for Birds*一文的宏观学习目标

项　目	可　选　目　标
语言能力	□ 通过阅读短文，理解说明人与自然关系的语句与语篇的结构特征，进一步强化对人与自然关系的语句与语篇的理解，学习并进一步发展运用恰当的语句与语篇说明人与自然关系的能力； □ 通过阅读，理解说明少数民族人与自然关系价值取向的语言，进一步强化说明少数民族人与自然关系价值取向的能力。
文化意识	□ 通过了解人与自然关系的价值、特性，进一步发展对人与自然合理关系的认知； □ 通过阅读、讨论少数民族人与自然关系价值的评价，进一步发展对价值判断、评价标准的认知。
思维品质	□ 通过分析与讨论，进一步发展分析科学发现的方法的思维方式，并尝试运用； □ 通过分析对科学发现的价值判断，进一步发展进行价值判断的思维方式，并尝试运用。
学习能力	□ 通过对科学发现报道的语词特性的分析，进一步发展理解科学语篇中语词的能力； □ 通过对科学发现报道的语句结构特性的分析，进一步发展理解科学语篇中语句结构的能力。

这一案例非常显著地说明，营造教学目标层面的英语课堂的宏观结构之美，对于学习目标导向具有决定性作用。

显然，教学目标作为英语课堂的宏观结构，对引导学生形成对英语课堂宏观结构之美的审美体验非常重要，这种引导还可以保证整个英语课堂朝向英语课堂学习目标迈进，而不至于偏离方向。所以说，营造教学目标层面的英语课堂宏观结构之美，对于英语课堂教学，非常关键，非常重要。

在核心素养时代，我们尤其需要基于《普通高中英语课程标准（2017年版）》，准确把握每一堂课的教学目标，着力营造教学目标层面的英语课堂宏观结构之美。《普通高中英语课程标准（2017年版）》将英语学科核心素养确定为语言能力、文化意识、思维品质、学习能力。我们营造教学目标层面的英语课堂宏观结构之美，也应从这四个素养维度入手。相比较于语言能力、学习能力，文化意识中的品格发展以及思维品质发展则不大容易把握。正因为此，笔者在本书对这两个方面用了较多笔墨和案例，以有助于我们着力营造教学目标层面的英语课堂宏观结构之美，发展学生核心素养。

三、营造语篇结构层面的英语课堂宏观结构之美

语篇结构知识是《普通高中英语课程标准（2017年版）》要求高中学生掌握的语篇知识之一，分析语篇结构，可以引导学生体验英语语篇结构之美，更可以帮助学生准确、深度理解语篇。而且，语篇结构理解能力也是高考所要求的语篇理解能力之一。以下是一篇高考阅读文章与试题。

Last December, Doris Low turned 90. Once a week she still drives to the Canadian National Institute for the Blind (CNIB) in Toronto, where she helps transform literature into Braille to bring the power of story and knowledge to the ears and minds of blind readers. She has been volunteering her time and talents to such enterprises for more than 40 years.

After working in the business world for a while, Low got fed up. So she turned to teaching at a technical school and later moved into the library.

Low's mother liked reading. As her eyes began to fail, Low read to her. Then "hearing an advertisement encouraging people to learn Braille, I decided to give it a try." In 1973, she was certified as a braille transcriber (转译者) and began transcribing books as a volunteer for the CNIB library.

The job was strenuous—she could get to the end of a page, make a mistake on the last line, and have to do the whole thing again. For a number of years, Low also worked in the CNIB sound studio reading books onto tape. Three years ago, she took up proofreading (校对) at the CNIB's word factory.

In April, during Volunteer Week, the CNIB recognized Low for her great contributions. Thanks to volunteers like Low, the CNIB library has got more than 80,000 accessible materials for people unable to read traditional print. "I can't imagine how many readers of all ages have benefited from Doris' contribution as a skilled volunteer through her rich voice and her high degree of accuracy in the hundreds of books she has brailled and proofread over the years—and she is still doing so," said a CNIB official.

"For me," said Low, "the CNIB is more than just a place to volunteer. Three things matter most in my life: a little play, a little work, a little love. I've found them all here."

56. What does Low still do at the age of 90 at the CNIB? (no more than 10 words)

57. Why did Low learn Braille? (no more than 15 words)

58. What does the underlined word "strenuous" most probably mean? (1 word)

59. What are Low's contributions to the CNIB? (no more than 10 words)

60. What do you think of Low? Give your reasons. (no more than 20 words)

参考答案

56. She helps transform literature into Braille (for blind readers/ the blind).

57. (Because) her mother's eyes began to fail and she heard an/

the advertisement.

58. Hard/Tiring/Tough.

59. She has brailled and proofread hundreds of books, and read books onto tapc.

60. Low is kind and helpful because she has devoted much time to transcribing books into Braille as a volunteer./Low is a kind-hearted lady with a positive attitude toward life because she takes delight in helping others.

该阅读试题考查的是学生阅读之后回答问题的能力。从所附答案看，问题本身可以完全使用原文回答，这充分说明本题不考查写作能力。这一试题对学生来说难度较大，究其原因，有教学原因，更有文化原因。从学生做题时出现的主要错误看，学生的主要困难在于：不能分析语篇结构，更不能从语篇结构理解文章，导致信息处理能力不足，尤其是信息分析能力、信息整理能力、归因能力等的不足，而这些不足的根源在于学生逻辑分析能力的不足。这就要求我们的英语教学注重培养学生对英语阅读语篇进行逻辑分析的能力。

从已有试题实例看，文本都是写人的记叙文。笔者认为，阅读写人或叙事的文章，很重要的一点就是对人物品质或事件所要说明的主题有正确的感知和解读，所有文章的细节都是统摄在这个主题之下展开的，我们从细节中提炼出主题，也应该从服务主题的角度去理解细节。试题的设题也遵循了这一特点。第60题是对主题思想的理解，第56～59题是对服务于这一主题的相关细节的理解。

这种文体和设题的特点对我们教学应该有所启发。笔者认为，我们应该从以下几个方面来设计这种文体的教学任务：1. 文章的主题是什么？2. 为了支撑这个主题，文章描写了哪些细节？各细节之间如何关联？3. 作者为何要选取这样的细节？意图在哪？4. 作者的感情倾向是什么？你自己对主题的鉴定和判断是什么？

是否同意和赞赏作者的观点？为什么？

为了回答这些问题，我们必须引导学生厘清文章的框架脉络，深层次地理解整体语篇的逻辑结构和布局谋篇，领会作者的意图和文章的交际功能。笔者相信，如果我们的阅读教学能从这些方面来进行设计，是有助于学生提高回答这种题目的能力的。如有位教师提道，在回答实例3的第56题“What does Low still do at the age of 90 at the CNIB?”时，有的学生回答“She still drives to the Canadian National Institute.”，假如学生能掌握细节服务于主题的写作特点，就知道这不是正确答案。又比如猜词题，掌握了文章的主题，对词的感情色彩的判断就有基调了。

在教学中我们看到，由于缺乏分析句际、段际逻辑关系的能力，学生往往无法正确判断段落大意和篇章主旨大意是什么。因此，我们有必要引导学生分析段落结构和语篇结构。在段落结构的训练方面，笔者主要从下面两个方面着手：

1. 分析句子层次，确定段落中心句。

如何确定一个句子是段落的中心句，有相当一部分学生理所当然地认为段首或段末的句子就是中心句。对此笔者采取的策略是引导学生分析句子层次，画出段落结构图。

比如《英语》(高中，人教版)选修九第五单元*Keeping Advertisers Honest*第二段：

① One way to control advertising is to make laws that prevent advertisers doing the wrong thing. ② Many countries have laws that forbid ads being shown at inappropriate times or in unsuitable places. ③ For example, an ad that has an adult theme cannot be shown during children's television programmes. ④ In some countries advertising alcoholic drinks or tobacco is banned altogether. ⑤ There are **also** laws in most places that prevent advertisers making false statements about their products or from promoting immoral or harmful behaviour.

首先笔者让学生思考“There are **also** laws ...”这个句子中的also是照应哪个句子；然后画出支撑“Many countries have laws that forbid ads being shown ...”的例子。通过这样的引导，画出如下段落结构图：

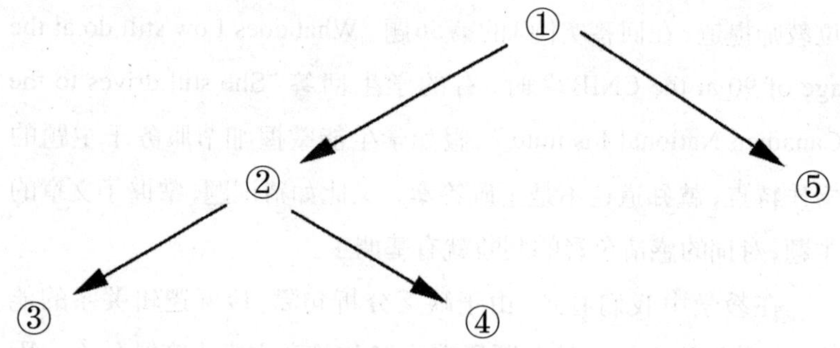

图 6–1
段落结构图

2. 利用逻辑词确定段落中心思想。有些段落的句子是平行展开的，层次并不容易识别，这时可以利用逻辑提示词来厘清句子间的逻辑关系，判断作者在本段主要想讲什么。

比如下面这个段落：

Our most commonly held code for success is broken. Conventional wisdom holds that if we work hard we will be more successful, and if we are more successful, then we'll be happy. If we can just find that great job, win that next promotion, lose those five pounds, happiness will follow. But recent discoveries in the field of positive psychology have shown that this code is actually backward: Happiness fuels success, not the other way around. When we are positive, our brains become more engaged, creative, motivated, energetic, and productive at work. This discovery has been repeatedly borne out by rigid research in psychology and neuroscience (神经学), management studies, and the bottom lines of organizations around the globe.

一些学生习惯性地认为第一句就是段落的主题句，然而But一词提示我们后面句子才是作者在本段想传递的主要信息。

如何进行语篇结构分析，笔者的主要做法是：

1. 利用段落衔接词，画出语篇结构图；

2. 如果是议论文，分析文章的组织方式，引导学生熟悉常见的论据的组织方式；如果是记叙文，则分析故事的结构，引导学生熟悉常见的叙事结构；

3. 打乱段落顺序，要求学生根据段落大意和衔接词重排段落顺序；

4. 根据主题思想，设置支撑观点或抽出原文的支撑观点，要求学生放到原文的适当位置；

5. 通过挖掘句子与句子之间隐藏的语义关联，要求学生进行因果配对。

显然，引导学生分析英语语篇结构，体验基于语篇结构的英语课堂结构之美，有助于学生理解语篇，同时形成英语课堂结构之美的审美体验，实现核心素养发展目标。

第二节　营造英语课堂微观结构之美

从上一节内容我们知道，英语课堂具有宏观结构之美。既然英语课堂具有宏观结构之美，也就必然具有微观结构之美。英语课堂的微观结构之美可以从诸多视角进行审视和体验，我们也可以从不同维度营造英语课堂的微观结构之美，包括语言本体（语音、语词、语句、语篇、文字等）、学生主体（学生智力因素与非智力因素、学生优势、学生微表情等）、教师主体、学习内容、学习时间与空间等。限于篇幅，本节选取语词教学作为案例，探讨营造英语课堂微观结构之美。

有人比喻说，语法是语言的骨架，词汇是语言的血肉，文化是语言的灵魂，由此可知词汇教学在英语教学中不可或缺的地位。我们不赞成脱离语境的词汇教学，我们更倾向于在语境中进行词汇教学。

笔者一直认为，语言学习要借助文本语境让学生感知、内化，创设语境让学生实现语言输出，实现从知识到能力的提升，实现语用目标。笔者在刚走上讲台的时候，曾经尝试在单元开始时先把单元的词汇逐个讲解一次，从词典或参考书中搬来很多脱离语境的单一例句来帮助学生理解、记忆词汇，但很快就发现这种与文本、思维、情感脱节的词汇学习方式无趣又无效，教师讲得辛苦，学生听得无趣，就算花大量时间死记硬背记住了单词，也是有“知”无“识”，写作或口头需要表达时候仍然不能自如运用。

笔者发现，依托文本语境感知词汇意义，观察使用形式，再创设语境运用语言，可以有效地进行词汇教学，同时促进学生整合学习所得。学生基于文本理解词汇意义，基于实际情况运用目标语言分享想法、表达观点，口头表达能力和思维能力同时得到发展，这样的词汇学习方式还可激发学生情感，产生积极的情感体验。

一、基于课文语境营造词汇层面的英语课堂微观结构之美

课文是呈现词汇语义、语用的最好的语境，因为课文是精心编写的语言运用的范例，而且学生在学习课文时，可以对课文语境形成准确理解和深刻记忆，这有助于学生记忆词汇、运用词汇。

比如在《英语》(高中，人教版)选修七第五单元*Keep It Up, Xie Lei*中有一句“It is a great comfort to have a substitute family to be with.”，其中substitute是新单词。课堂上笔者设问“What do you think a substitute family can and cannot provide?”，学生需要切实

理解何谓substitute family和real family的区别在哪里，real family给我们哪些支持。有学生答“A substitute family cannot provide us with unconditional love.”，笔者点评道：“Yes. Only our parents provide us with unconditional love, for which we should be grateful. Please don’t take it for granted.”

在《英语》（高中，人教版）选修八第四单元戏剧第一幕*Fateful meetings*中，笔者问学生“What does ‘fateful’ mean? For whom it is fateful? In what way it is fateful?”，通过设问、追问，学生不但理解了fateful的含义，对课文的主题、人物个性命运的变化也有了更好的理解。

几乎每一单元的课文教学中，笔者都会如此进行词汇教学，这不仅能促进学生深度理解词汇，更能引导学生形成词汇层面的英语课堂微观结构的审美体验，很多学生经常在说到某个单词之时会突然愉悦地回忆起笔者当时教授这个词的情境。

二、基于生活语境营造词汇层面的英语课堂微观结构之美

学生生活在现实世界，教师亦然。所以，在课文呈现某些词汇的语境不够充分、典型、深刻之时，笔者会转而选择基于师生共同的，或者学生的生活语境开展词汇教学，营造词汇层面的英语课堂微观结构之美。

在《英语》（高中，人教版）选修八第二单元课文*Cloning: Where is it leading us?*第二段中“Many attempts to clone mammals failed. But at last the determination and patience of the scientists paid off in 1996 with a breakthrough—the cloning of Dolly the sheep.”，pay off和breakthrough是新单词。笔者结合自己学习古筝的过程，说明pay off和breakthrough的语义，然后让学生根据自己的学习进行说明，从而使学生非常有效地掌握这两个词汇。

以下为这一环节的课堂实录：

T: Why do you think the scientists keep trying to clone even after so many failures?

S1: Maybe some scientists want to get famous by being the first one of cloning animals.

S2: Maybe just because of curiosity.

S3: Maybe they feel obliged to find a solution to the problem.

S4: Maybe failures inspire their determination.

T: Very good. How are their determination and patience rewarded?

Ss: They cloned Dolly the sheep.

T: So what does "their determination and patience paid off" mean?

Ss: It means their determination and patience are rewarded.（笔者一直要求学生尽可能用英语解释词汇。）

T: Yes. It means their determination and patience have a good result.（板书"... paid off: ... was rewarded/had a good result"，并在was下画线，让学生关注paid off不用被动态。）

T: When I began to learn to play Guzheng in 2007, it was very difficult because I knew nothing about music. But I didn't give up and I learned not only from a tutor but also from the Internet. My hard work and persistence paid off. Now playing Guzheng has become part of my life and it makes me feel good about myself. Can you share an experience in which your hard work paid off?

S5: I began to learn to play Chinese chess at the age of five. I spent every Sunday training. It was very difficult. But my persistence paid off. I won the first place in a city competition.

S6: When I was four years old, my mum began to teach me to play the violin. Though I didn't win any prize, I still think the experience paid off because it has greatly improved my music taste and I am very grateful to my mum.

T: So we know, if we are determined and persistent enough, our efforts will pay off in time. And why is the cloning of Dolly the sheep a breakthrough?

Ss: Because it's the first cloned mammal.

T: Then what does "breakthrough" mean?

S7: It means a great discovery in science.

T: Yes. A breakthrough is an important discovery in science. It can also be a significant or dramatic progress or development. Taobao is a great breakthrough because it has changed the way of shopping. The invention of the mobile phone is a breakthrough because it has changed the way of communicating. Dr. Sun Yat-sen's Three People's Principles is a breakthrough in the development of democracy. What else is also a breakthrough?

S8: The App of Didi Dache is a breakthrough because it helps us call a taxi conveniently.

S9: The idea of bringing physics into computer science is a breakthrough because it has changed how we think.

S10: The construction of WC for the third gender is a breakthrough because it shows respect for personal right and personal choice.

S11: Deng Haoran's admission into the province team is a breakthrough for our school because he is the first person. (邓同学刚成为我校首位入选信息奥赛省队的学生。)

T: What does it mean to be admitted into the province team?

S12: That means he will represent Guangdong Province to contest.

T: That's awesome. He must have worked really hard. Congratulations to him. And hope you can all make a breakthrough in your schoolwork.

这一过程不仅营造了学生体验老师人到中年依然刻苦学习，同班同学勤奋学习取得突破性成绩的精神之美，也营造了词汇层面的英语课堂的微观结构之美。

第三节 营造英语课堂层次结构之美

层次是人类对世界的重要认知形式，也是人类社会的基本形式，甚至家庭也是层次结构的形式。人类建筑具有层次，音乐具有层次，画作具有层次，可以说，一切结构皆具有层次，哪怕是单一层次，也是一种层次。英语课堂的结构之美也表现出层次之美，如必修课、选修课的层次，课内、课外的层次，考试内容、非考试内容的层次，等等。

英语课堂最为重要的层次结构之一是：问题的层次。问题的层次不仅针对不同学习目标层次、学习基础层次的学生，而且针对文化意识、思维品质的发展本身的层次。

以阅读为例。在阅读教学中，有层次性的提问有助于学生形成对文本的深层理解，更有助于我们通过阅读实现教育目标。布鲁姆的“六层次教育目标”是我们设计阅读问题层次的一个非常值得参考的理论依据[1]。

以*How Karl Marx learned foreign languages*为例，展示六层次目标的问题。

表6–7
“六层次教育目标”展示示例

目标层次	目　　的	问 题 举 例	说　　明
记忆 Remembering	首先我们可以问一些信息层面的问题，看学生是否找到了这些信息。	What foreign languages could Karl Marx read and write? How long did he learn English before he wrote English articles for newspapers?	这一部分可以用多种形式，如填信息表、选择答案。这一类问题难度不大，对于优秀学生可以让他们相互检查。

1 http://www.nwlink.com/~donclark/hrd/bloom.html，2017年3月20日析出。

（续表）

目标层次	目　　的	问 题 举 例	说　　明
理解 Understanding	我们可以问一些理解层面的问题，看学生是否能准确理解事实和观点，包括一些综合层面的理解问题，就是从部分到整体的问题。	Why did Marx leave for London? What did he write articles for? Compared with Mao Zedong's English learning experience, what conditions did Marx have but Mao Zedong did not have? What would the result be if Marx was not forced to leave Germany? What learning methods did Marx choose? What other learning methods could he choose? If Marx were forced to come to China at that time, what method would he use in his Chinese learning? Compared with Marx, how did Zhou Enlai learn Japanese when he was forced to leave for Japan in 1920s?	这类问题需要一定的理解能力，语言能力可能成为障碍，所以可以开展小组讨论。
运用 Applying	我们可以问一些运用层面的问题，常常是结合学生实际生活的运用，因为这与他们的生活直接关联，较可能激发他们完成任务。	How would you use Marx's method of learning English? What would the result be if you are forced to leave China for Vietnam? What other ways would you plan to do?	这类问题是运用信息的问题，往往作为任务比较合适。我们目前很多阅读到这个层面就基本结束了，其实我们还应该进一步提问。

（续表）

目标层次	目　　的	问 题 举 例	说　　明
分析 Analyzing	我们可以问一些分析层面的问题，这类分析性问题最好是回到文本本身，当然也有一些情况可以拓展出去。	Why do you think of Marx's conclusion that you should forget your mother tongue when learning a foreign language? What inference can you make from Marx's English learning? What is the relationship between his German and his English learning? Did the author write the article mainly for introducing foreign language learning experience? If yes, why did the author choose Marx as a good example? If not, what are the main purposes?	这类问题需要学生具有一定的分析能力、表达能力。
评价 Evaluating	我们可以问一些评价层面的问题，让学生做出价值判断。	Do you agree/disagree that Marx's way of learning English can be a good example for us? Is there a universal effective way for English learning? Decide what effective method you will use in your English learning. Give your reasons. Can the author's main writing purposes support the conclusion of the text that Marx's method is effective?	这些问题都以价值判断为基础，如good、effective等。

（续表）

目标层次	目　　的	问 题 举 例	说　　明
创造 Creating	我们可以问一些创造性的问题。	Can you learn foreign languages in Marx's way? Why or why not? What is the effective way for your English learning? If you were asked to give a talk about English learning to some primary pupils, what methods would you recommend? Why? If you were asked to give a talk about English learning to your grandfather who is just retired, what methods would you recommend? Why?	这些问题可以以创造性成果为目的，如演讲、写作等。

这样的提问具有丰富的层次性，充分展示了英语课堂的层次结构之美，可以使不同层次的学生都能找到自己能回答的问题，引导他们从问题维度体验英语课堂的层次结构之美，也可以发展他们的思维能力。

第七章

书之美：英语课堂的变化美

和子由论书[1]

（宋）苏轼

吾虽不善书，晓书莫如我。
苟能通其意，常谓不学可。
貌妍容有颦，璧美何妨椭。
端庄杂流丽，刚健含婀娜。
好之每自讥，不谓子亦颇。
书成辄弃去，谬被旁人裹。
体势本阔略，结束入细麽。
子诗亦见推，语重未敢荷。
迩来又学射，力薄愁官笴。
多好竟无成，不精安用夥。

1 http://blog.sina.com.cn/s/blog-3f9a2a8801/oownrd.html，2017年3月20日析出。

何当尽屏去，万事付懒惰。

吾闻古书法，守骏莫如跛。

世俗笔苦骄，众中强嵬騀。

钟张忽已远，此语与时左。

注释：

貌妍容有颦：此言有因。苏轼书法不计工拙，遭到当时一些士大夫的讽刺，黄庭坚辩道："此又见其管中窥豹，不识大体。殊不知西子捧心而颦，虽其病处，乃自成妍。"

体势：指字画的形体结构、气势风格。

细么：细微。么，细小。

嵬騀：高大。

钟张：三国的钟繇、东汉的张芝，皆为古代书法家。

作者说明：苏轼(1037—1101)，北宋文学家，诗词书画兼优。诗清新豪健，善用夸张比喻，在艺术表现方面独具风格，与黄庭坚并称"苏黄"；词开豪放一派，对后代很有影响，与辛弃疾并称"苏辛"；书法擅长行书、楷书，能自创新意，用笔丰腴跌宕，有天真烂漫之趣，与黄庭坚、米芾、蔡襄并称"宋四家"；画学文同，喜作枯木怪石，论画主张神似。其书注重精神，提倡"浩然听笔之所之，而不失法度，乃为得之"(《论书》)。胸中有浩然之气，便能发之于胸，应之以手，便能听笔之所至。苏轼之书神而化之，法意互得，无意于佳而自佳，达到自然天成的境界。

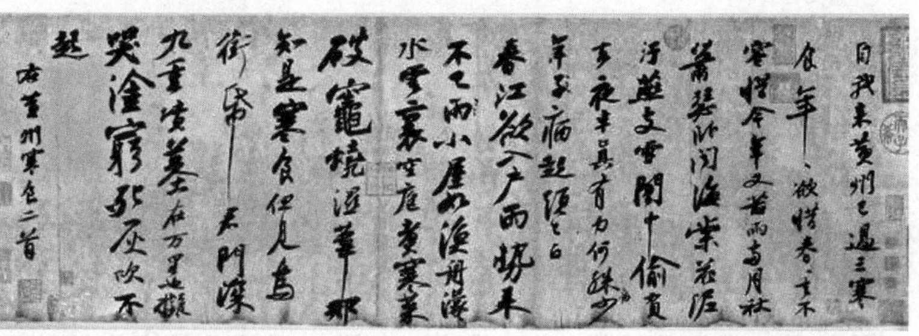

图 7-1
苏轼的《寒食帖》

沧海桑田，世道变幻。正是因为不断变化发展，人类才有了今天的文化。人类对于变化的关注、思考与研究，构成了人类思想的一道风景线，一部《周易》写就变易之道，今日的改革开放也是变易之道的继续。英语课堂也必然有着各种变易之道。

英语课堂的变化之美一如书法艺术，各种书道各有其美，各种字体各有其功。正如苏轼所言："貌妍容有矉，璧美何妨椭。端庄杂流丽，刚健含婀娜。"（佳人容貌靓丽也有皱着眉头忧愁的时候；璧玉色质美好，即使椭圆又有什么妨碍呢？端正庄重之中混合着流畅华美，坚强有力之中包含着轻盈柔美。）"体势本阔略，结束入细麽。"（形体结构、气势风格本来就疏放不拘束，笔势收束却能进入细微之处。）前页插图即为苏轼名作，被称为行书三大名帖之一的《寒食帖》，这是苏轼被贬黄州、生活困苦、精神惆怅、情绪悲愤之时所作，全篇之书多破常规之法，充分表现了书法的变化特性。

变化可以发生在任何维度、任何方向，不过我们总是可以把变化概括为内容的变化与形式的变化两大类别。营造英语课堂的变化之美，也便可以从内容变化与形式变化两大维度展开。当然，英语课堂的内容和形式很多，本章只是基于案例展开讨论。

变化本身不是营造英语课程变化之美的目的，营造英语课堂变化之美的目的在于促进学生实现课堂学习目标，在核心素养时代，就是促进学生核心素养发展。

第一节　营造英语课堂内容变化之美

英语课堂学习内容丰富，不过同一单元一般都是围绕同一主题展开。由于学生千差万别，同一班学生也总有着兴趣、学习目标、基础等方面的不同。如何对存在诸多不同的学生进行同一主题的教学？采用传统的用同一篇课文、同一组活动的方法显然不适合，进行内容变化是可选之策。

我们可以了解所教学生的不同兴趣、不同学习目标、不同基础等，基于此选择同一主题的不同内容，让学生选择与自己的兴趣、学习目标、基础等相符的内容进行学习，同时体验其他同学学习同一主题不同内容的过程与成效，此举可最大化地发挥学习内容的作用，从而形成英语课堂内容变化之美的审美体验，实现核心素养发展目标。

注：针对同一主题笔者摘选五篇文章供不同兴趣的学生阅读，具体文章请见“附录7.1”。

基于以上分析，笔者在教授一节单元主题是Do the right thing的课外阅读时，基于学生确定的兴趣等因素，为学生提供了五项主题相同，领域、文体、语言难度、陈述方式不同的学习内容，即故事、流行歌曲、网上英雄榜、童话与科学、商业管理。学生基于自己课前选择的内容进行学习，并进行全班分享，学生充分体验英语课堂内容变化之美，尤其是流行歌曲、网上英雄榜，使部分原本对英语没有太多兴趣的学生因为自己的喜好而认真学习相关内容，基于各自的语言基础发展语言能力，基于各自的目标发展各自的核心素养，充分展示了英语课堂内容变化之美的价值。

现在的高中英语教学大多是一个班级学生使用同一版本教材，讲授同一篇课文。其实，若学生自主能力较强，或者学校可以提供的自主学习支持力度足够，我们完全可以让学生在同一主题下选择真正适合自己的内容进行学习，这不仅不会影响学生的学习成效，反而因为学生基于自身选择学习内容能更有效地学习。即使是全国统一高考，也从来不会考教材内容。全国高中学生使用多种不同教材，同样可以参加统一高考。我们给同一班级学生学习适合他们的内容，如同全国、全省学生使用不同教材一样。当然，如前所述，这种教学模式需要学生有较强的自主学习能力，也需要学校能为学生的自主学习提供强有力的支持，比如对同一主题不同内容都需要基本相同的讲解和评价。

选修课本身也是内容变化之美的体现，但选修课往往并非同一主题，不过总体而言，都是同一学习目标，即高中英语课程所规定的学习目标。所以从学习目标维度，选修课也属于英语课堂的内容变化之美的体现。为此，我们应根据《普通高中英语课程标准(2017年版)》的规定，按照高中学生的不同兴趣、不同学习目标、不同学业规划、不同语言基础、不同学习进度，甚至以后的不同职业规划与人生规划安排，为他们提供尽可能适合的选修课。

第二节　营造英语课堂形态变化之美

人类对于形态变化的审美，自古以来就存在，因为形态变化本身突破形态单一的单调，更为主要的是，可以适应于不同目的，如水的依器而形。英语课堂形态非常丰富，尤其是非常显性的结构形态。本节对同一教师为同一班级的同一节课设计的不同教案进行分析，探讨营造英语课堂结构形态变化之美的可能，英语课堂的结构变化的目的之一就是适应学生学习的不同需要。

阅读课是高中英语的主要课型，阅读课教学的目标可以包括下面三个：第一，篇章阅读，主要目的是获取信息，培养学生的阅读技能；第二，语言知识学习，主要目的是学习词汇、句型或语法知识；第三，阅读与写或说相结合，主要目的是通过读的输入促进写、说的输出。不同的教学目标决定着不同的教学内容的安排、教学方法的选择以及教学评价的实施。

笔者曾经在一次全国中学骨干教师研修班上执教一节阅读研讨课，就同一篇课文分别从语篇与语用两个角度准备了两个教案，目的是为了使学生通过与其他老师不同的授课方法学习相同的内容。

本次授课内容是《英语》(高中，人教社)必修五第三单元*Life in the future*的第二篇课文*I have seen amazing things*。全文长约500词，主要介绍主人公进行虚拟的太空之行时所看到的三种发明。教材配有两个活动，活动一是“In pairs use the information from the reading passage to fill in this poster for the Space Station.”，目的是获取三种发明的相关信息；活动二是“Now in pairs discuss the advantages and disadvantages of living on s space station. For example: would you like to live and work in one? What would you do with your spare time? Prepare to report to the class.”，引导学生进一步思考太空生存的可能性。

一、教学目标定位及教学活动思考

1. 对教学目标的定位，笔者认为要注意两点：(1) 教学目标不等同于教学内容，它确定的不是“学生将在课堂上做什么和学什么”，而是“通过课堂学习，学生能够做什么”。因此，教学目标的定位不能过大过泛，四十分钟里要实现课标所要求的全部目标是不大现实的，也不是所有的教学内容都适合实现这些目标，具体制定哪些目标，应以教情与学情为准，不能把课程目标等同于课时目标；而且教学目标的各部分不是平行展开，而是相互融合，相互贯穿。(2) 行为主体与行为动作指向应该明确，对学习内容、行为、结果、行为的条件或结果的程度要做具体的、切合实际的界定，具有可操作性和可检测性。简单地说就是要界定好“通过什么活动学生能做到什么，程度如何，怎样检测他们是否做到”。

2. 教学活动各环节的设计，笔者认为要做以下思考：(1) 读前导入环节的设计：关注该环节的趣味性、相关性和准确性。一般老师主要关注的是导入的趣味性，但笔者认为更应该关注的是相关性和准确性，也就是该环节为下面的阅读扫清了哪些障碍？跟内容有什么关联？做了哪些方面的准备？表述与操作是否准确？是否有助于学生对课文的理解？(2) 读中活动环节的设计：要注意活动的层次性和梯度性，活动之间应环环相扣，层层递进，前一活动应为后一活动的准备，后一活动则是前一活动的发展。步步推进，以推动学生对课文从细节到内涵，从段落到篇章的全面理解；同时，还要注意活动的全员性，让各种层次的学生都能参与，都能有所作为。(3) 读后活动环节的设计：该环节要考虑活动的巩固性、反馈性、目标性和拓展性。通过读后活动，能对课文的内容理解和语言进行巩固，能反馈到前面阅读环节的教学效果；活动的主题和输出的语言要与输入的语言保持一致；完成活动所要求的能力要高于前面的环节。这也是笔者为什么舍弃原课文活动二的原因，该活动与课文相关性不大，学生不学习课文也可以展开讨论。另外，活动如何组织，活动的效果如何评定，由谁评定，在组织活动时都必须交代清楚。

二、第一种课堂过程结构设计

1. 教学目标的确定

课文标题为*I have seen amazing things*，文章介绍了31世纪三种发明的功能、优点和缺点。笔者认为，对文章的理解除了表层信息的理解——三种发明的介绍外，更应该对文章深层次的意义进行理解。在本课中作者要通过三种发明向读者展示人类未来在通信、垃圾处理、生产制造方面的可能变化，探讨人类未来的生活趋势。对文章的表层意义理解不难，教师应在引导学生关注如何快速获得所要信息的基础上，更加关注如何从多种角度帮助学生挖掘文章的内涵和掌握篇章特点。笔者根据文章的内容和篇章的特点，确定教学目标如下：

(1) 通过阅读，能根据上下文猜测recycle、environmentally friendly、efficient、motivation、instant、settlement等词汇的含义；

(2) 通过引导，能根据不同的阅读任务采用预测、浏览、寻读等不同的阅读策略，能建构篇章整体结构，能鉴别叙述文的文体特点；

(3) 通过讨论能了解到便利、高效、环保是未来生活的趋势，能激发对未来生活的向往并对自身的社会意识有所思考；

(4) 通过小组合作能用刚输入的目标语进行口头报告，能在活动中自我评价、自我反思，相互协商和支持，能享受合作的喜悦和展示自我的成功感。

2. 教学设计的分析

本教学设计按照传统的PWP（Pre-reading“读前”、While-reading“读中”和Post-reading“读后”）阅读教学模式来设计。下表是笔者设计的教学活动及设计意图分析。

表7-1
*I have seen amazing things*的传统教学设计

教学环节	教学活动	设计意图
读前	(1)学生观看录像，说出他们看到什么奇异的事情(amazing things)。	通过视频中机器人帮助人类送快递、遛狗、收垃圾等情景，初步引起学生对人工智能使用前景的兴趣。
	(2)学生讨论：在31世纪，你在信息交流、废物收集处理、工业生产三方面会发现什么amazing things呢？	为进入阅读做预测与铺设；通过问句诠释disposal、manufacturing的含义。
读中	(1)速读文章，回答问题：① 文中提到多少amazing things？② 如果你要介绍amazing things，你的介绍将包括哪些方面？	训练学生通过抓First ... And now ... Our third stop 等篇章标记词迅速了解文章大致框架的能力，为下文迅速定位具体信息做准备；预测文章内容。
	(2)查读文章，完成任务：① 填写表格(表格项目主要关注课文内容，包括：amazing things的名称、功能、优点与缺点)；② 对比三件amazing things，找出它们的共同之处。	(1)训练学生如何快速锁定获取具体信息的能力；通过上下文猜测instant、greedy、swallow、recycle、settlement等词的含义。 (2)培养学生归纳、联系、对比信息、去异求同的能力。
	(3)仔细阅读，填写表格(表格项目主要关注篇章，内容包括分段、段落大意、文体辨认等)。	了解英语文章总—分—总的篇章特点及上下文过渡衔接的方式；识别叙述文体的几大要素。
读后	(1)小组讨论：① 本文的写作目的是什么？② 我们如何能更好地为将来的改变做准备？	引导学生探讨文章的思想内涵以及对未来变化的态度。
	(2)小组活动：假设你完成了未来之旅回到学校，请准备一个口头汇报与同学分享你的旅游经历；要求(略)；从准确性、得体性和流畅性三个方面进行评价(评价表略)。	进一步巩固学生对课文的理解；培养学生围绕主题使用目标语进行思维和表达的能力。
结课	(1)激励学生向往未来，享受学习，享受英语；(2)引导学生根据表格对本节课的课堂表现进行自我评价。	激发学生学习英语的兴趣；促使师生双方进行积极的反思，以调整教与学的策略。

三、第二种课堂过程结构设计

1. 教学目标的确定

第一种设计是以内容理解为主线来展开教学设计的，这也是当前阅读课最常见的设计思路，它的基本思路是借助语言理解课文的思想内容。阅读教学也可以借助课文内容来体会语言表达的特点和规律，从"语用"的角度，一方面关注文本"怎么写"，也就是遣词造句、谋篇布局、表达方式、修辞方式、语法结构等话语形式；另一方面关注课文"为什么这么写"，也就是言语动机、交际目的、语言环境、文体特征、语言风格等话语意图，最终使学生能在一定的语境中正确、合理、妥帖地进行表达，并将已学过的字、词、句、篇等内容，根据语境的需要加以规范、恰当、个性的运用。它与传统的为了学习课文的语言点或语法的阅读教学模式有所不同，传统的语言点的教学把词句等脱离篇章的语境孤立起来进行讲解，将语言知识学习和语言能力培养割裂开来；而从"语用"角度进行的阅读教学，则是把一切词句等统摄在篇章之下，强调的是"此情此景"的语言意义和语言运用。

*I have seen amazing things*一文的题眼是amazing，作者看到了什么？有何amazing之处？作者如何透过语言表达amazing的这种情感？笔者的案例2基于后一种思路，根据本文的文体特点和语言特点，确定教学目标如下：

（1）通过扫读，能建立文章篇章结构和识别文章衔接转承的手段；

（2）通过扫读，能识别文章的文体和语言的基本特点；

（3）通过跳读，能画出一个最佳表达发明物amazing之处的句子；

（4）通过跳读，能画出作者表达amazing情感的句子或词汇并朗读体会情感；

（5）通过合作，能运用所学的目标语介绍三个机器人的功能。

2．教学设计的分析

本教学设计按照“导入—感悟语言内容—学习表达方式—强化语言运用”的思路展开设计，凸显对“语用”的关注。以下是各环节的教学活动及设计意图：

表7-2
*I have seen amazing things*的教学新思路

教学环节	教学活动	设计意图
准备	学生分析三幅机器人的图片，猜测三种机器人的功能。	激发联想，为最后运用语言环节留悬念。
	思考讨论：如果你要向你的同学介绍这些机器人，你会使用什么样的语言：正式/非正式语言？长句/短句？陈述句/感叹句？	激活及了解学生初步的知识储备，铺垫下文的学习。
学习	学生阅读文章的各段首句，分段、概括大意并判断文体及使用的语言特点。	掌握篇章结构和段落之间的衔接连贯；了解语体和语言风格。
	学生快速阅读文章的第2～6段，画出能最好地体现这些发明amazing的一个句子。	找出“作者为什么会感到amazing”，也就是“文章为什么要这么写”。
	学生再次阅读文章的第2～6段，画出并归纳能传达作者的amazement的词、句；并有感情地朗读。	找出词句，体会“作者是怎么写的”；总结，为运用做准备；朗读，体会情感。
运用	完成任务：假设你在发明展中看到amazing的机器人，请向你的同学进行介绍；具体指导（略）；主要从流畅性、得体性、生动性及情感的有效表达四个方面进行评价（评价表略）。	提供运用目标语的情景，促进语言运用。
结课	总结本课所学的内容；激励学生欣赏英语语言之美。	复习主要内容；激发学习热情。

笔者在现场上课采用的是第二种教学设计，根据现场评价和个人反思，本节课最大的优点有两个：一是教学目标定位恰当，具

体可控。该篇文章是单元的第二篇课文，出现在Using Language的板块，从“语用”的角度设计教学，更符合本课在单元里的身份，同时也为阅读教学提供了新的思路。二是教学设计朴实有效。所有的活动都是围绕教学目的开展的有效活动，教学步骤简单明了，课堂结构简洁流畅。当然，由于是跨省借班上课，笔者对学生情况的不了解，导致实际教学与预设效果有些差距，这是本次现场授课的一个遗憾。

笔者从教以来，英语阅读教学模式不断发生变化。早期的阅读教学主要关注语言点的讲解，课堂上逐句翻译，逐词讲解。新课标实施以来，阅读教学模式呈现多样化，教师们更多关注篇章结构、主旨大意和思想内涵，这也是目前主流的阅读课模式，但从语用的角度教阅读，笔者观察，还是比较少见的。不同的教学模式，没有谁优谁劣，符合学情的就是好的。阅读教学不应该模式化，而是应该根据教情、学情，不断发展，不断创新。

可以说，正是教学过程的结构变化，使这节课取得了较好的学习成效。这一变化本身并不显现于课堂，学生经历的只是变化之后的形态，但这种对变化结果的审美体验，可以促进学生实现课堂学习目标，发展核心素养，尤其是在发展语言能力的同时，显著地发展了思维品质。若没有结构的变化，可能就没有最终的学习成效。

第三节　营造英语课堂文字书写之美

书之美自然应该包括书法之美，因为本章所论之书是书法之书，而非书籍之书。如同中文书法艺术，任何语言的文字都具有书写的审美特性，营造英语课堂的书写之美就可以基于英语文字本身的结构与变化特性，让学生体验、感知其结构变化之美，并进而创造其结构变化之美，而且这是学生语言能力、审美情趣、心理素质的综合体现，尤其是我国学生的英语文字书写之美，已经成为让英语母语国家，乃至世界叹为观止的学习之美。

引导学生体验、追求英语书法之美，可以呈现计算机上的英语字体，让学生体验各种字体之美，也可以呈现著名作家、政治家等手写的英语作品，引导学生感知字如其人的书法之美，还可以呈现关于字体的研究与运用，如“Fonts matter.（字体很起作用。）”等相关观点与论述。当然书法之美更需要学生亲身体验，让学生在英语书写之中体验、感知英语书写之美，不仅可以形成具有美感的英语书写能力，在写作中呈现具有美感的文字，而且可以通过认真、反复、精致的训练，发展学生的毅力，发展学生为了实现目标而耐心、静心做事的积极心态，实现英语书写的综合之美。

从教多年，笔者对学生的英语书写一直是有所要求。通过长期的不懈引导，很多学生的英语书写都得到显著提高。笔者摘取了几名学生的作文书写，以供交流。这些尽管不是最美的英文书写文字，甚至没有达到中国学生一流的英文文字书写水平，但已经是营造学生英语课堂文字书写之美的努力尝试，足以呈现基于文字书写营造英语课堂变化之美的可能。

注：学生文字书写之美的图片展示请见“附录7.2”。

第八章

画之美：英语课堂的留白美

题屈翁山诗札、石涛石溪八大山人山水[1]

（清）郑板桥

国破家亡鬓总皤，
一囊诗画作头陀。
横涂竖抹千千幅，
墨点无多泪点多！

注释：

屈翁山：屈大均（1629—1696），字翁山，广东番禺人。明末清初著名学者、诗人。能诗文，是“岭南三大家”之一。

石涛：原名朱若极（1641—约1718），明皇族后裔，入清后为僧，号苦瓜和尚，著名画家，善画山水兰竹，并工书法和诗。郑板

1 http://so.gushiwen.org/shiwenv_eb8fce45c85a.aspx，2017年3月20日析出。

桥和他交往很深。

石溪：俗姓刘（1612—1692），著名山水画家，和尚。

八大山人：朱耷（1626—1705），明皇族后裔，明亡后为僧，著名画家，写意花鸟画的成就极高。

诗札：诗卷。

国破：指明朝灭亡。

鬓总：鬓角。

皤：白色，形容头发白了。

头陀：和尚，这句意思是他们都做了以卖画为生的和尚。

横涂竖抹：指作画，这几位画家都强调抒写精神气质，不求形似，他们的作品粗粗一看，画面上好像只是横涂竖抹一般。

墨点无多泪点多：说明他们的痛苦感情远远超过他们的笔墨。

图 8–1
《水木清华图》

作者说明：郑板桥（1693—1765），原名郑燮，字克柔，号理庵，又号板桥，人称板桥先生，江苏人，清代著名画家，为“扬州八怪”重要代表人物。

左边插图为八大山人名作——《水木清华图》，是对笔者最具视觉和心理冲击力的国画名作。此画构图的不稳定和大片的留白给人带来强烈的视觉和心理冲击，笔墨辛辣狂放，酣畅淋漓，浓淡干湿虚实互应，雄硬秀润并存，骨力十足，实乃老道之作。八大山人爱画荷花，构图多以一花片叶并留大片令人寻味的“余白”为特色，此画也不例外。画之左侧伸出几片荷叶，大笔重捺，或泼墨大写，荷茎圆转苍劲，曲折舒张，荷花轻柔婉转。与之相对写一倒悬危石，只略加勾皴，石顶一丛芙蓉，墨韵盎然。荷石在上相接，下方留白，中似无物却有空濛幽远之意。整幅画墨气纵横，用笔似游龙盘旋，充分体现了八大山人的绘画特点。

画中，荷花零落，荷叶枯萎，荷塘寂寥，墨点挥洒之处急如暴风骤雨，画面空阔之处万籁俱寂，一切都充满了人生的况味种种：悲、喜、醉、醒。画面主体位于左右两侧，一开一合，左侧两柄荷叶弯弯曲曲伸向对面，两相纠缠，不分你我，给人以“剪不断，理还乱”的纠集感。然而，细细看去，一切又是那样分明：无论淡墨写出的荷柄，还是更淡的墨点笃的荷叶，抑或重墨顿出的荷叶，都有着自己的形象、自己的空间、自己的虚实。重墨醒目、肯定、大胆，淡墨湿润、空灵、清新。中锋圆而实，侧锋毛而涩，散锋虚而淡。一切都看似那么随意，一切又透着经营处的惨淡。《水木清华图》中许多细节之处也极其高明，例如左下角，松松几笔横线就生动写出了荷塘的坡岸，分割出了水塘与陆地的不同空间，参差的几个墨点则如醉后洒落的几滴清香，点出了寥落的秋意，淡淡的怅惘。

从以上赏析可知，若无“余白”，便无此作，不赏所留之白，便不知朱耷本意，可见留白在中国传统绘画艺术中的重要功用。当然，更为典型的留白之道，在于南宋马远的《独钓寒江图》，只见此幅画中，一小舟上一渔翁在垂钓，整幅画中没有水波荡漾，却让人感到烟波浩渺，满幅皆水。予人以想象之余地，如此以无胜有的留白艺术，具有很高的审美价值，正所谓“此处无物胜有物”。当然，留白也并非白多即佳，最妙之处仍是意境之白。

图 8-2
《独钓寒江图》

留白之美的审美体验可能并非在于对余白之处的审美，而是由于余白而形成的审美体验。《水木清华图》的下侧余白可能不大引人注目，但正是这片余白，使得上攀之藤成为审美体验的焦点之一，顶处芙蓉花心的余白也可能并非审美体验的焦点，但余白形成的芙蓉怒放却成为审美体验的焦点之一。《独钓寒江图》的天空、水面形成的大片余白可能无法引人注目，但正是其空大才能形成独钓寒江的“独”的审美体验。所以说，留白之美核心不在余白之处，而在余白之外，这便是留白之美最为精妙的审美体验。

以如此长的段落说明留白之美，是因为我们的英语课堂之美中留白太少，我们做得更多的是“满堂灌”“提高每一分钟的学习效率”“把学习时间延伸到课外每一分钟”“让学生在跑步时也在背单词”“在校园每一角落抬头都能看到英语单词、公式”“一个周末两天上六个培训班”等。其实，没有留白，学生根本不能自主消化所学内容，怎么可能真正掌握所学内容？所以我们需要着力营造英语课堂的留白之美。课堂不能追求所谓的大容量而进行满堂灌或是满堂动，课堂需要有学生思考的时间和空间，这种思考，看似“冷场”，实则流动着智慧的气韵，是学习真正发生的保障。

当然，留白只是画之美的一个方面。一如我们可以不同视角审视美、体验美，我们也从不同视角审视和体验画之美。限于篇幅，本章仅从留白这一视角，审视和体验英语课堂之美。

对于留白，可以从两种形式实现：一是如八大山人，去微而留白，在花之中、藤之侧，不着微末细节内容，留出余白。二是如马远，高远而留白，将孤舟老翁置于茫茫天水之间，留出天与水的余白。营造英语课堂的留白之美，亦无外乎这两种方法。

第一节　基于去微营造英语课堂留白之美

分目标是一种英语课堂的去微留白方法，通过确定多种不同目标，由学生自主选择，由此放弃一些目标（即去微），从而留下一些目标的余白，进一步达到符合自己需求的学习目标。

一、分目标教学的特征

合目的性是人类一切活动的本质特性。教育是人类有目的的社会实践，目标是教育的本质特性，否则就不成其为教育。教学目标为教学活动的方向，教学目标的设计是教学设计的关键性基础[1]。

目标是教学的基础，也是教学研究的重点。我国目标教学对教学目标的设定、基于教学目标的教学有长期的研究，形成了大量成果[2]。教学从教学目标开始，教学目标是教师通过教学活动对学生身心发展变化的期望，即教学目标是教师对学生发展变化的期望，发展变化通过教学活动发生，同时，学生的发展变化不仅表现为易于观察和测量的行为变化，也表现为与行为变化相统一的心理变化。要准确理解教学目标的内涵和外延，合理设计教学目标，教师应正确地把握教学目标的内隐性与外显性、收敛性与开放性、预期性与非预期性。唯当教学目标的这些特性得以彰显，教学目标方才是合理的。

根据前引目标教学的已有研究成果可知，为实现有效教学，需要基于目标开展教学，此为目标教学的基础。目标教学以教学

1 崔允漷．教学目标——不该被遗忘的教学起点［J］．人民教育．2004（Z2）．

2 张志勇，李建刚．目标教学的理论与实验研究报告［J］．教育研究．2001(10)；张志勇．课堂教学：从内容中心走向目标中心——中国目标教学20年回顾与展望［J］．当代教育科学．2007(17)；吴忠霞．目标教学在我国中小学实施的回顾与反思［D］．西北师范大学硕士论文．2007．

目标为导向，以反馈矫正为机制，以大面积提高教育教学质量为宗旨。目标教学必须从“为掌握而学”走向“为发展而学”。目标教学必须坚持“育人为本”的教育思想，注重人的综合素质的发展。目标教学必须由传统的“三中心”走向新的“三为本”，即要正确处理教师与学生的关系、知识与能力的关系、教师课堂讲授与学生自主活动的关系，确立以学生为本的教育主体观，以能力发展为本的教育质量观，以组织学生自主活动为本的教学观。目标教学抓住合目的性这个教育教学的本质问题，要求围绕教学目标组织教学活动，即依据教学目标进行教学设计；依据教学目标调动学生的学习积极性，引导学生主动学习；依据教学目标组织学生的学习活动；依据教学目标调控教学过程；依据教学目标评价教学效果。

基于前引研究成果，目标教学具有五个特征：一是以单元作为控制教学过程的基本单位。将教材按照其内在的知识结构分为若干相对完整、独立的单元，在整体设计和分节授课的基础上，把单元知识系统化、结构化，以单元达标作为控制教学过程、提高教学质量的基本步子，实现单元目标后，再进行下一单元的教学。二是以教学目标为中心组织教学活动。教学目标是一切教学活动的出发点和归宿点。三是以异步教学作为教学的基本组织形式。教师的教学只有尽可能适合每个学生的特征与需要，才有可能使不同的学生学会同样的教学内容，达到同样的教学目标。为此，必须把集体化教学与个别化教学结合起来。四是以可控变量作为优化教学过程的着力点。影响教学目标达成的因素有些容易改变，有些则较难改变。教师要通过操作和调控那些较易改变的教学因素优化课堂教学。五是以教学评价作为教学活动高效运作的保证。目标教学借助教学评价建立的自我反馈矫正系统，为教学质量的大面积提高提供了监督保障机制。基于目标教学，单元目标教学应包括单元备课、前提准备、单元新授、单元矫正、单元小结等六个阶段，课时的目标教学一般包括认定目标、诊断补偿、达标教学、反馈矫正、课堂小结等环节。

显然，目标教学理念已经内涵了分目标教学的理念。分目标教学是基于目标教学已有成果的发展，强调目标设计中设计不同层次、不同方向、不同兴趣的目标，以供学生在学习中选择确定自己的学习目标；分目标教学也是基于分层教学的发展。分目标教学与目标教学、分层教学的不同在于，分目标教学更加突出地强调目标教学中已经内涵了以下理念：

1. 分目标教学认为教学目标，无论是终身发展目标、基础教育目标、学段目标、学年与学期目标、单元与课时目标，都不应是全体学生统一的、同一的，而应是根据学生发展需要有所不同；

2. 教学目标应允许分层次，而且要根据学生起始水平、学习速率、学习节律，以及认知特征、生活经验储备等，选择适合学生的目标；

3. 教学目标不能只是分层次，而且要根据学生生涯规划、学业规划而分方向，如升学学业发展方向、就业发展方向、生活能力发展方向等，允许学生基于个人发展而调整方向；

4. 教学目标还应允许按照不同兴趣确定，如基于文学兴趣学习英语，基于电子竞技技术兴趣学习英语，基于农家乐旅游服务学习英语等，其目标也会有明显的不同。

当然，无论目标是分层次、分方向、分兴趣，分目标教学的目标基础都应该是，也只能是课程标准，因为课程标准本身是国家对课程目标的规定。《普通高中英语课程标准（2017年版）》将高中英语分为学业质量水平一、学业质量水平二、学业质量水平三这三个级别。显然，分层次目标是高中英语课程标准本身已经肯定，而且确定的目标设定方式。同时，高中英语课程体系中有大量的从高一就可以开设的任意选修课，允许学生根据自己的发展方向、兴趣而选择，这也是分目标教学的基础。

不过，分目标教学理念更强调在每一课时的教学中，都充分考虑学生的起始水平、发展方向、兴趣爱好，而基于此设定学生可以选择的目标，并基于此开展教学。

由此可知，分目标教学是目标教学的发展，强调教师指导学生基于学生根据自身生涯规划、学业规划，确定自己英语课程（整个学科与每一学段）、课堂（每一节课）的学习目标，教师以学生选择的学习目标为基础，进行合理的整合，形成课堂教学目标，以此为导向，在整个教学过程中围绕教学目标展开一系列教学活动，并以此来激发学生的学习兴趣与积极性，激励学生为实现适合自己的学习目标而努力学习。

显然，分目标本身意味着目标的选择，通过去微，形成目标的余白，通过营造英语课堂的留白之美，促进学生真正发展适合自己需要的核心素养。

二、分目标教学的目标设计基本路径

无论目标如何细分，目标都需要设计，学生的学习目标都需要教师的指导。学习目标设计首先需要准确把握课程目标，这是教育教学的定向仪，然后需要准确分析学生学情，准确把握学生的个性化目标，之后才是教师设计目标、指导学生进行选择，形成个性化目标，教师基于全班学生个性化目标形成系统的课时教学目标。

1. 课程目标落实为教学目标

课程标准对课程目标有总体规定，也有分级规定，但并无针对每一单元、每一课时的分级目标，这需要教师根据教材将课程目标落实到单元、课时。基于核心素养的英语课程目标应该包括语言能力、文化意识、思维品质与学习能力，各项素养同时分为水平一、水平二、水平三三个级别。

以《英语》（高中，人教版）选修八第四单元*Pygmalion*为例[1]，这单元属于选修内容，核心素养目标水平属于水平二。基

1 此单元案例本书曾经系统分析其过程，此处分析其提问，视角不同，内容不同。

于核心素养，水平二的语言能力发展应达到这样的目标：认识英语和英语学习与个人发展、国家发展和社会进步的密切关系，认识语言与世界、语言与文化和思维之间的紧密关系；具有一定的英语语感，在理解和表达中发挥英语语感的作用。在常见的语境中，较为熟练地整合性运用已有的英语语言知识，理解多种模态语篇传递的要义和具体信息，推断作者的意图、情感、态度和价值取向，提炼主题意义，分析语篇的组织结构、文体特征和语篇的连贯性，厘清主要观点和事实之间的逻辑关系，了解语篇恰当表意所采用的手段；有效地陈述事件，传递信息，表达个人观点和情感，体现意图、态度和价值取向，在常见的人际交往中，建构恰当的交际角色和人际关系。水平二的文化意识目标大致应确定为：能够选择合适的方式方法在课堂等现实情境中获取文化信息；具有足够的文化知识为中外文化的异同提供可能的解释，并结合实际情况进行分析和比较；提高跨文化意识，在进行跨文化交流时，能够注意到彼此之间的文化差异，运用基本的跨文化交际策略；尊重和理解文化的多样性，具有面向世界的开放态度和文化自信；感悟中外优秀文化的精神内涵，理解和欣赏所学内容的语言美和意蕴美，树立正确的价值观，形成积极的道德情感，并内化为个人的意识和品行；有传播中华优秀文化的意识，能够运用简单的英语描述中外文化现象。水平二的思维品质发展目标应确定为：主动观察语言和文化的各种现象，通过比较，识别各种信息之间的主次关系（观察与比较）；根据不同的环境条件，客观分析各种信息之间的内在关联和差异，并发现产生差异的各种原因，从中推断出它们之间形成的逻辑关系（分析与推断）；根据所获得的多种信息，归纳共同要素，建构新的概念，并通过演绎，解释、处理新的问题，从另一个视角认识世界（归纳与建构）；针对所获取的各种观点，提出批判性的问题，辨析、判断观点和思想的价值，并形成自己的观点。水平二的学习能力目标应达到：正确认识英语学习的意义；对英语学习有浓厚的兴趣和愿望；有明确的学习目标，能制订并按需调整学习计划；有稳定的学习动机；面对学习困难能分析原因并尝试解决，调节自己的情绪和情感，对英语学习有较强的自信心；能开展课外学习，能利用网络资源等扩充学习内容和信息渠道；开展自主学习和合作学习，反思学习效果并据此优化学习策略和方法，运用英语进行交流和表达。

从课堂教学而言，课程目标需要落实为教学目标，而教学目标则可以参照布鲁姆教学目标的更新版，从阅读而言，可以表现为：

表 8-1
阅读教学目标参照表[1]

目标层次	问题与活动	语言行为
记忆	• What is …? • Where is …? • Which one …?	tell who/what/why/when/where/how/which, choose, name, select, find, match, label, list, show, recall, repeat, retell, reproduce, recognize, omit, arrange, order, define, duplicate, imitate, relate …
理解	• How would you compare …? • Contrast … • Which is the best answer …? • How would you classify the type of …?	compare, contrast, demonstrate, illustrate, rephrase, show, classify, describe, discuss, explain, express, identify, indicate, locate, report, restate, review, select, translate …
运用	• How would you use ...? • What would result if …? • What other way would you plan to …?	apply, build, choose, construct, develop, make use of, organize, plan, solve, model, identify, demonstrate, employ, illustrate, interpret, operate, practice, schedule …

1 部分参考Hill, J. D. & Flynn, K. Asking the right questions［J］. *Journal of School Development*. 2008.

（续表）

目标层次	问题与活动	语言行为
分析	• Why do you think …? • What inference can you make …? • What is the relationship between …? • What ways could ...? • Why do you think …? • Imagine …	analyze, discover, dissect, infer, examine, survey, test for, relationships, build, combine, compile, create, design, formulate, imagine, invent, predict, assemble, collect, categorize, compare, contrast, criticize, differentiate, discriminate, distinguish, experiment, question, test …
评价	• Do you agree/disagree …? • Why do you think …? • Decide if …	criticize, decide, defend, evaluate, recommend, agree, appraise, opinion, disprove, argue, assess, choose, compare, estimate, judge, predict, rate, select, support …
创造	• Write … • Make a poster of … • Make a dialogue of … • Attend a debate … • Act out …	write, make, do, show, design, arrange, act out, compose, construct, create, develop, formulate, organize, plan, propose, set up …

2. 分析学生不同目标需求

课程目标是教学目标的国家规定和社会要求，而学生需求则是教学目标的个人需求，教学目标在把握课程目标之后，则需要把握学生的不同目标需求。

基于笔者所教班级，分析学生的人生规划、学业规划，可以发现以下不同学习目标需求：

(1) 本班学生全部为理科优秀学生，具有非常强的理科思维能力，期待通过高中英语学习，顺利实现考上优秀理工类大学的高中学业计划。

(2) 本班学生思维都非常活跃，课堂具有积极参与讨论的意愿，他们希望加强运用英语表达自己丰富思想的能力。

(3) 本班学生自高一起就在教师的引导下有计划发展自主学

习能力，基本形成较为有效的自主学习策略。在教师未做学习要求的情况下，学生均能进行有效课前预习；学生自己查阅词典、朗读单词、默写单词，并相互检查默写情况；学生有自主的词汇、语法学习目标，不希望教师专门进行讲解，但希望教师结合课文，对词汇、语法在课文语境中的语义进行必要分析、讲解。

（4）本班约85%的学生英语基础较好，平时成绩在130分以上，他们的英语学习主要目标为：通过英语学习，促进未来专业学习，丰富个人生活，发展思维能力，了解世界文化；语法、词汇不是其重点学习目标，而只是在英语学习自然发展的学习目标。

（5）本班约10%的学生英语基础中等，平时成绩在100～120分，他们的英语学习主要目标为：通过英语课堂学习，提高英语学习成绩，促进自己实现高中学业规划和未来人生规划，同时努力积极参与课堂讨论，促进思维发展，通过英语学习促进自己的综合素养发展。

（6）本班约5%的学生英语基础有待加强，平时成绩在80～100分，这部分学生的英语学习主要目标为：通过英语课堂学习，大幅度提高英语学习成绩，不影响自己实现高中学业规划和未来人生规划，同时希望尽可能地参与课堂讨论，促进思维发展，通过英语学习促进自己的综合素养发展。

分析学生以上不同目标需求，结合课程目标，寻找二者交叉点，基于此点，则可设计既符合课程目标所表现的国家与社会需求，又符合学生个性化需求的教学目标。

这些目标差异化的选择，形成每一位学生在这一单元学习目标的余白，从分目标的设定，营造了英语课堂的留白之美。

3．基于学生不同目标需求设计问题

在明确学生以上需要之后，教师基于课程目标和学生需求，设计出单元学习问题清单，这里所标注的核心素养、布鲁姆教学目标维度均只是该问题主要发展的维度，因为任何问题都可能发展多个维度的核心素养与布鲁姆教学目标，尤其是教学过程之中的追问，更可能发展预设所不及的维度。

表 8–2
Pygmalion 阅读问题设计

问　　题	主要发展核心素养维度	主要发展布鲁姆目标维度
(1) What is the most important word in the title of Act One?	语言能力	理解
(2) For whom is the meeting fateful?	思维品质	分析(课文无直接答案,需分析。)
(3) In what way is it fateful?	思维品质	理解
(4) What is Higgins proud of himself? Retell what Higgins says.	语言能力	记忆
(5) What does Higgins think condemns Eliza to an endless poor life? Imitate his tone.	语言能力	记忆
(6) When Higgins says he can teach Eliza to pass herself off as a duchess at an ambassador's garden party in three months, do you think he means to help or to show off his talent?	思维品质 文化意识	分析
(7) What do you think an ambassador's garden party is like? (who/what/how)	文化意识	评价
(8) What can we know about the society at that time?	思维品质	分析
(9) What is the bet? Find and rephrase it.	语言能力	记忆
(10) Whose bet is it?	语言能力	分析
(11) What is the purpose of Higgins and Pickering in making the bet?	思维品质	分析
(12) What does "I rather fancy myself" mean? Do you fancy yourself? Who rather fancies himself/herself?	语言能力	理解,运用,创造
(13) How do you think Higgins feels when he says "Well, that comes with practice."?	语言能力	理解
(14) Why does Mrs Pearce mention Eliza is "with dirty nails"?	语言能力	理解
(15) What is Eliza's manner when she comes in?	文化意识	分析
(16) What's the difference in Higgins' and Pickering's attitude to Eliza's arrival?	思维品质	评价

（续表）

问　　题	主要发展核心素养维度	主要发展布鲁姆目标维度
(17) Is Eliza hurt by Higgins's attitude?	思维品质	分析
(18) Why does Eliza think she is not asking for any favors?	语言能力	理解
(19) What does Higgins mean by saying "If you think of how much money this girl has ... why, it's the best offer I've had." ?	语言能力	理解
(20) Why do you think they don't ask for Eliza's approval of the bet?	思维品质	分析，评价
(21) What does "She is so deliciously low." mean?	语言能力	理解
(22) What does "this disgusting thing" refer to? Do you think it is disgusting? Why does Eliza think it is disgusting?	语言能力 思维品质	理解，分析
(23) What does Pickering remind Higgins of? Does Higgins care about it? Why or why not?	语言能力 思维品质	理解，分析
(24) How do Higgins and Pickering react differently to Eliza's performance? Underline their reactions.	语言能力	理解
(25) What do you think of Higgins' teaching methods? Would you like to be taught by him? Why?	学习能力	评价，运用
(26) Can you suggest a better method?	学习能力	创造
(27) Why makes Eliza bear the harshness of Higgins?	语言能力	理解
(28) What difficulty might Eliza meet at the tea party?	语言能力	理解
(29) What topics do you think are safe for Eliza to talk about?	语言能力	评价
(30) Why is the way Eliza talks about the weather amusing?	思维品质	分析

(续表)

问　　题	主要发展核心素养维度	主要发展布鲁姆目标维度
(31) Why does Eliza think her aunt is killed? Is it a proper topic for the occasion? Why does "done her in" sound funny?	思维品质 语言能力	分析，理解
(32) Why does Henry describe Eliza's conversation as "the new and small talk"?	语言能力	理解
(33) What is Eliza's response when Freddy offers to walk her home?	语言能力	理解
(34) Why is Eliza thought to be a princess from another country?	文化意识	评价
(35) Did Eliza pass the test? How do you know that?	思维品质	评价
(36) Does Eliza enjoy the party? How do you know that?	语言能力	理解
(37) Why is Eliza not accustomed to the party though she is admired by everybody?	文化意识	评价
(38) Why does Eliza get upset with Higgins?	文化意识	分析
(39) Do you think the bet is a victory for Eliza? In what way it is or in what way it is not?	思维品质	评价
(40) Do you think there are other changes on Eliza besides dress, behavior and speech?	思维品质	评价
(41) What makes Eliza decide to leave?	思维品质	分析
(42) Why does Higgins get upset when he knows Freddy wants to marry Eliza? Is it because he gets to fall in love with Eliza?	思维品质	理解，分析
(43) Is the ending beyond your expectation? Why or why not?	思维品质	分析，创造
(44) What do you think Bernard Shaw wants to tell us in this play?	思维品质 文化意识	评价
(45) If we are to write one more act after Act 5, what will the plot be like?	思维品质 语言能力	创造

以上问题首先把握课程目标，从核心素养四个维度进行设计，但同时考虑到学生不同情况，对思维品质、分析与评价更为侧重，降低课文的语言理解的课堂占时等，形成较为合理的广度与深度：

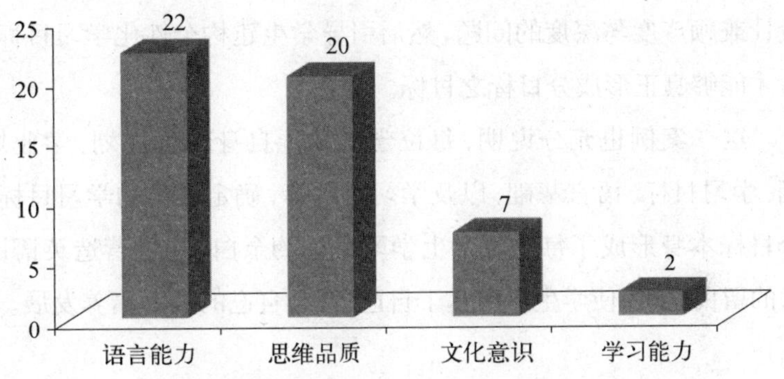

图 8-3
基于英语学科核心素养的问题分类

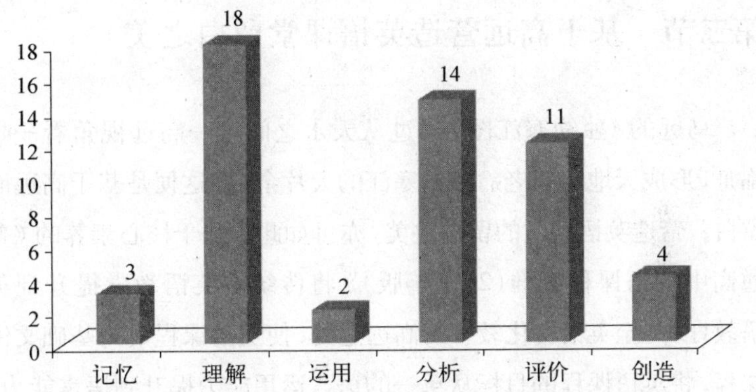

图 8-4
基于布鲁姆教学目标的问题分类
（说明：布鲁姆教学目标中的运用是指规则运用，不是语言运用。）

基于图8-3与图8-4可知，本单元问题设计既有广度的覆盖，符合课程目标要求，也充分考虑到了本班学生个性化需求，更多关注到思维品质、分析与评价问题。若学生个性化需求目标不同，显然问题设计则应有显著不同。

4. 引导学生选择生成个性化学习目标

在设计以上较为全面地体现课程目标与个人目标相结合的问题之后，学生需基于此选择生成个性化目标。教师要求学生每人必须选择回答或参与回答10个问题，并将根据学习进展指定学生回答或参与回答部分问题。这样既保证了学生参与的广度与深度，又使基础薄弱的学生能得到应有机会回答与参与回答。

由此可知，分目标的目标设计需要首先把握课程目标，不可偏离课程目标，然后应充分把握学生个性化需求，寻找二者交叉点，设计兼顾广度与深度的问题，然后引导学生建构个性化学习目标，方才能够真正形成分目标之目标。

这一案例也充分说明，每位学生基于自身人生规划、学业规划、学习目标、语言基础，以及学习兴趣等，确定自己的学习目标，分目标本身形成了每一位学生学习目标的余白，通过营造英语课堂的留白之美，使学生形成基于自己、符合自己的核心素养发展。

第二节　基于高远营造英语课堂留白之美

马远的《独钓寒江图》通过从天水之间这一高远视角看一叶扁舟，形成天地之间老翁独钓寒江的大片余白，这便是基于高远而留白。营造英语课堂的留白之美，亦可如此。基于核心素养的《普通高中英语课程标准(2017年版)》将传统的英语教学提升到英语教育，乃至英语文化教育的高远之处，使英语课程成为基础文化课程，将英语课程的目标从单一的语言运用能力提升到语言能力、文化意识、思维品质、学习能力组成的英语学科核心素养的高远之处。这使得英语课堂可能出现作为发展学生核心素养机会和空间的大片余白，如何充分运用这种余白发展学生的核心素养，便成为核心素养时代英语课堂的必备功课。

笔者在实践探索中发现，为学生建构高远视角，然后引导学生自主提问，不仅可以发展学生自主提问能力，还能充分展示英语课堂留白之美。

如笔者在进行《英语》(高中，人教版)选修十第二单元*King Lear*的教学之时，就曾在给学生进行提问方法的讲解、说明问题高度与广度要求之后，让他们自主阅读课文，小组合作设计出问题，并请其他组回答，充分调动学生学习的积极能动性。以下为学生提出的问题：

表8-3
学生对*King Lear*的自主提问

组 别	问 题
Group 1	1. Why couldn't Cordelia say fancy words as her sisters? 2. What does "hard-hearted" mean? 3. What kind of person do you think King Lear is? 4. What will happen to King Lear?
Group 2	1. Why did Kent have to speak out? 2. What does the word "pray" mean? 3. What good qualities should one have to be a good king? 4. How many parts did the king finally divide his kingdom?
Group 3	1. Do you think King Lear really wants to marry Cordelia to the King of France or the Duke of Burgundy? Why? 2. What does "flattery" mean? Is it good or bad for interpersonal relationships? 3. What will happen in the next part? 4. What do you think of Cordelia's answer? Do you think it wise? Why?
Group 4	1. How many daughters did Regan have? 2. What does "sit" mean in the sentence "The burden of government sits heavily on my shoulders."? 3. What did King Lear mean by saying "We'll see if either wants to be a bridegroom when she has no riches to bring to the marriage." ? 4. Why do you think the King was so foolish?
Group 5	1. What does "false flattery" mean? 2. What is the percentage of the territory did the King give to the first daughter at first probably? 3. What is the proper title of this part? 4. Do you think it right to lie to parents to please them?
Group 6	1. What's King Lear's feelings when he says "I pray you."? 2. Why does King Lear think Cordelia is hard-hearted even though she says she loves him as a daughter loves her father? 3. What will happen if Cordelia says first instead of last? Do you think the result will be the same? 4. What would you say and do if you were Cordelia?

（续表）

组　别	问　　题
Group 7	1. Do you think it wise of the King to divide the kingdom into three parts? 2. If you were the King, how would you allocate your kingdom? 3. What does the two "nothing" mean in the sentence "You will get nothing for nothing."? 4. Why does Kent say "Please hear me out." instead of "Please listen to me."?
Group 8	1. What does "Do not come between me and my anger." mean? 2. Why does the King say "Pack your things and be gone." instead of saying "Pack your things and go."? 3. According to the passage, which part of the kingdom do you think is the richest? 4. What really makes King Lear angry? 5. Who does Kent want to protect, the King or Cordelia? Why? 6. Do you think the King of France and the Duke of Burgundy still want to marry Cordelia? Do you think your future spouse should be poorer, richer or equal to your wealth?

学生提出的问题中，以下几个问题尤其是"Do you think it right to lie to parents to please them?"引发小组之间的热烈讨论，甚至争论。

What do you think of Cordelia's answer? Do you think it wise? Why?

Why do you think the King was so foolish?

Do you think it right to lie to parents to please them?

What would you say and do if you were Cordelia?

Do you think your future spouse should be poorer, richer or equal to your wealth?

这些问题不仅引导学生充分体验了英语课堂之美，加深了学生对*King Lear*这篇课文的理解，而且大大地促进了学生语言能力、思维品质的发展。

这一活动充分展示了基于高远营造英语课堂留白之美的实践。首先，教师退到台后，将课堂的主要时空交给学生，形成时间、空间的巨大余白，学生成为主角，担任平时由教师担任的角色，设计问题，听取回答并给予评价。正是这一角色转换形成的高远视角，使得这一切得以发生，使得这节课成为学生之后多次回味的一节课，而且话题在课后得到不断深化的讨论，给学生带来深刻的英语课堂之美的审美体验。这是时间、空间上的高远形成的英语课堂的留白之美。

同时，教师专门花时间引导学生学会从高远视角提问，这一提问方法本身也使得这节课从高远视角形成巨大余白，学生得以从高远视角设计问题，不仅发展了语言能力，而且发展了思维能力、文化意识。这是内容上的高远形成的英语课堂的留白之美。

时间、空间上的高远余白可能难以经常形成，不过我们可以在每一次提问之后，都留出时间、空间的余白，等待学生的回答，或者在每一节课都安排3～5分钟的时间，形成时间、空间的留白，让学生自主学习。而通过内容的高远形成高远余白，则是我们可以在每一节课达成的。高中学生已具备自己的思想，自己的价值判断，他们完全有能力回答，甚至提出格局高远的问题，进行格局高远的表达，而这更是核心素养时代英语课堂的必有形态。

附录：本书所引用资料精选

附录1.1　品格教育100种技巧

基于美国品格教育的技巧与经验，结合中国的教育实践，笔者总结出以下100项品格发展具体技巧和建议，供参考与交流：

一、建立品德社区

1. 建构学校道德规章，确保学校所有政策都与之相符，面向全校每一位成员（学生、管理者、教师、服务人员）进行传播，在学校显要位置张贴与展现。

2. 建立学生之间相互指导帮助，以求共同发展的各种项目。

3. 建立全校或班级之间的服务俱乐部，为学校、班级或外部社区提供服务。

4. 激励学生参与一项慈善事业，或者了解学校发展需求，为学校某项事务进行募捐，帮助管理者分配各界捐赠所得。

5. 确保学校评价系统覆盖品行与学业成绩。

6. 制定评价学生各种成就的规章和制度，比如超越个人过去成绩或达到预定目标，如何进行评价。

7. 禁止背后非议他人，而且在适当时候讨论非议他人之危害性后果。

8. 强化对骂人的零容忍政策。禁止粗鲁、不良语言。

9. 利用全校升旗活动、学校展板、学校网站、学校公众号等，表彰学生、教师、管理与服务人员的优良品格和行为。

10. 学校或班级有冲突发生时，引导学生了解谨慎、得体、隐私等理念，并告知家长。

11. 安排学生值日，照料班级或学校所养动物、所种盆栽植物，并在节假日时轮流带回家照料。讨论和展示相关活动中所需的和所尽的责任。

12. 鼓励学生和家长一起清扫社区，参与社区环境建设，管理社区运动场地，帮助社区员工做好清洁工作，清洗小广告、涂鸦等。

13. 找出学校发展中有意义的人和事，建立学校品德认同制度。

14. 恰当展示校旗、校歌、校徽。若还没有，就组织全校进行设计竞赛。

15. 认真举办开学和毕业典礼，利用恰当时机为离休教师举办离校仪式。

16. 在各种讨论活动中，确保有不同想法的学生能正常发表意见。

17. 严格要求学生在观看体育比赛时对自己的行为负责，并尊重他人，尤其是对手或失利的一方。

18. 在体育活动中，设置精神文明奖、公平竞赛奖等品格奖项。

19. 在学校和教室里悬挂英雄人物画像，并简要说明其事迹。

20. 建设温馨学校，确保学生能经常见到校长，了解学校各项活动，在恰当地方悬挂温馨标语。

21. 建立学校纪念册，用照片、故事等来记载学校的历史与成就。向来访者、家长展示学校纪念册。

22. 经常在正式场合感谢学校后勤服务人员、志愿者等。

23. 选拔“学生大使”，请其为新入学学生，准备为学生报名的家长以及参观者介绍学校。

24. 禁止展示各种不合法、不符合学校道德规章的文字、图片等，及时清理各种乱涂乱画的图文。

25. 让学生参与学校环境维护与建设，每个班级负责一个区域。

二、深化课程品格教育

26. 让学生制作品格教育的手抄报、专栏等，如“我生活中的英雄”等。

27. 在语文、英语、道德与法治、历史等课程中，经常开展对于动机、行为、后果的讨论。

28. 在学习中强调品格的重要性，如按时、按质、按量完成作业。

29. 在道德与法治等课程中引入本地英雄、道德模范事迹。

30. 在合作学习活动中，注重发展学生友谊，并及时进行表彰。

31. 严格杜绝抄袭、作弊等行为。严格尊重作者版权，包括学生作品版权。

32. 在英雄人物的生日时，讨论其英雄事迹和高尚品格。

33. 鼓励学生阅读优秀文学作品，开展文学赏析活动。

34. 充分利用故事教育的优势，每天为学生朗读优秀故事。

35. 组织文学讨论，鼓励学生阅读内容丰富的文学作品，开展反思活动，不必急于展示德育教育内容。

36. 在语文、英语、道德与法治教育中培养同情心、同理心。

37. 鼓励学生阅读每一学科相关人物的传记，讨论和分享其生平事迹。

38. 在学习英雄人物或每一学科著名人物传记时，不回避他们的缺点，甚至错误，引导学生开展活动讨论“一个有缺点、犯错误的人，可以成为一个伟大的人吗”，促进学生就此形成正确认识。

39. 教学生写有思想、有真情实感的信，如感谢信、给编辑的信、给领导的信、给公众人物的信等。

40. 布置能激励学生、有挑战性的作业。

41. 建立高年级与低年级的书友组织，让高年级学生指导、促进低年级学生阅读，鼓励不同年级学生相互分享。

42. 让学生基于理解诵读经典、诗词等，并分享自己的理解与实践。

43. 在数学、物理、化学、生物等自然科学课程中，注意引导学生讨论科学发现与研究的伦理性。

44. 在数学、物理、化学、生物等自然科学课程中，注意发展学生勇敢、坚忍、勤奋的品格；在家庭作业、课堂活动中，鼓励这些品格的发展。

45. 在道德与法治等学科中，坚持引导学生讨论自己的个人责任、社会责任，并要求学生学会承担责任。

三、教职员工全员开展品格教育

46. 教职员工每人确定自己的个人座右铭，并不断对照检查。

47. 教师经常与学生分享自己崇拜的英雄及其事迹。

48. 学校管理者、教师、服务人员在品格行为上以身作则，示范引领。

49. 同事之间以德服人。

50. 确保课堂有明确发展目标，和学生一起为实现目标承担责任。

51. 勇于承认错误，并及时改正。

52. 言必行。

53. 参与社区工作,并与学生分享工作感受。

54. 向学生展示正直品格,让学生在行动中看到勤奋、责任心、坚忍。

55. 给学生充分、及时的反馈。

56. 通过帮助学生区分行为结果与所有行为者之间的关系,引导学生建立公正心。

57. 维护受欺负者的利益,但谨慎处理,根据需要及时,或者分开地进行处理。

58. 采用建设性的方式表达批评,在讨论时让学生也学会用建设性的方式进行自我批评。

59. 积极参与学校品格教育所有讨论与活动的组织等。

60. 建立本校的"品格教育100法"体系。

四、促进家长参与品格教育

61. 建立学校品格教育制度时,选出家长代表参与。

62. 建立学校品格教育制度后,让每一位家长签字认可。

63. 用便条、短信、微信、家访等方式,让家长了解学生在学校的品格错误行为。

64. 及时向家长通报学生的优良品格和行为。

65. 让家长监督、检查学生的家庭作业。

66. 开学前给家长一封信,介绍新学期计划。

67. 让尽可能多的家长参加家长委员会,经常召开家长会。

68. 经常与家长分享学校工作以及品格榜样的行为。

69. 让家长成为学校发展学生品格的同盟军。

70. 学校定期发放学校新闻与活动预告,邀请家长参与学校活动。

71. 建立并发放家长阅读书单、亲子阅读书单。

72. 恰当开展家长培训,邀请专家为家长做家庭教育讲座。

73. 允许家长和学生一起到学校图书馆借书,开展亲子阅读。

74. 提供机会让家长参与课堂活动,邀请有专业特长的家长为学生做讲座,开展家长可以参与的表演活动。

75. 每月向家长介绍学校品格教育活动和进展。

76. 在学校简报中宣传品行优秀学生的表现。

77. 在学校简报、网站、公众号中开设家长专栏。

78. 举行欢迎新同学活动时，同时举行欢迎新生家长活动。

79. 尽量想办法让家长参与更多的家校共建事务，从而让家长更多地了解孩子的情况。

80. 在家长会上，就品格教育等学校工作征求家长意见。

五、鼓励学生参与品格教育活动

81. 开展社区"认老"活动，让学生认识、认同社区里的优秀长者，定期拜访长者、给长者写信、与长者共读等。

82. 让学生有机会参与社区活动。

83. 禁止学生对人不善、嫁祸他人。

84. 让学生清楚明白，自己应承担的道德责任。

85. 让学生明白，好学生不仅仅要成绩好，品行更要好。

86. 及时奖励表现出优秀品行的学生。

87. 组织学生既参与竞赛，又参与合作。

88. 引导学生学习判断网络、电视等媒体中所热议事情的真实性、价值等。

89. 邀请学长返校介绍其成功的原因，以及他们事业中可能出现错误的原因。

90. 鼓励学生逐步形成自己的座右铭。

91. 积极倡导礼貌与尊重。

92. 鼓励学生建立道德目标，同时建立行为底线标准。

93. 鼓励学生参与社会活动。

94. 用符合学校品格规范的语言，如责任、尊重、正直、勤奋等，教导学生。

95. 及时帮助品行困难的学生，确保他们不要跌入人生的泥沼。

96. 建立品格咨询与辅导制度，及时为学生提供相应指导。

97. 让学生负责自己的事情，坚持到校上课，上课认真学习。

98. 帮助学生在故事阅读、话题讨论、榜样树立中找到真正的友谊，让学生发现真正友谊的特性、虚假友谊的灾难。

99. 帮助学生建立"做正确的事"的意识，建立自己的"正确事情清单"。

100. 引导学生明白：品格教育非一日之功，需要持之以恒。教师自己也应明确品格教育的这一特性。

附录1.2 TED演讲文稿

The danger of a single story[1]

By Chimamanda Ngozi Adichie

I'm a storyteller. And I would like to tell you a few personal stories about what I like to call "the danger of the single story". I grew up on a university campus in eastern Nigeria. My mother says that I started reading at the age of two, although I think four is probably close to the truth. So I was an early reader. And what I read were British and American children's books.

I was also an early writer. And when I began to write, at about the age of seven, stories in pencil with crayon illustrations that my poor mother was obligated to read, I wrote exactly the kinds of stories I was reading. All my characters were white and blue-eyed. They played in the snow. They ate apples. (Laughter) And they talked a lot about the weather, how lovely it was that the sun had come out. (Laughter) Now, this despite the fact that I lived in Nigeria. I had never been outside Nigeria. We didn't have snow. We ate mangoes. And we never talked about the weather, because there was no need to.

My characters also drank a lot of ginger beer because the characters in the British books I read drank ginger beer. Never mind that I had no idea what ginger beer was. (Laughter) And for many years afterwards, I would have a desperate desire to taste ginger beer. But that is another story.

What this demonstrates, I think, is how impressionable and vulnerable we are in the face of a story, particularly as children. Because all I had read were books in which characters were foreign, I had become convinced that books, by their very nature, had to have foreigners in them, and had to be about things with which I could not personally

1 出自 http://www.ted.com/talks/chimamanda_adichie_the_danger_of_a_single_story，2017年3月20日析出。

identify. Now, things changed when I discovered African books. There weren't many of them available. And they weren't quite as easy to find as the foreign books.

But because of writers like Chinua Achebe and Camara Laye, I went through a mental shift in my perception of literature. I realized that people like me, girls with skin the color of chocolate, whose kinky hair could not form ponytails, could also exist in literature. I started to write about things I recognized.

Now, I loved those American and British books I read. They stirred my imagination. They opened up new worlds for me. But the unintended consequence was that I did not know that people like me could exist in literature. So what the discovery of African writers did for me was this: It saved me from having a single story of what books are.

I come from a conventional, middle-class Nigerian family. My father was a professor. My mother was an administrator. And so we had, as was the norm, live-in domestic help, who would often come from nearby rural villages. So the year I turned eight we got a new house boy. His name was Fide. The only thing my mother told us about him was that his family was very poor. My mother sent yams and rice, and our old clothes, to his family. And when I didn't finish my dinner my mother would say, "Finish your food! Don't you know? People like Fide's family have nothing." So I felt enormous pity for Fide's family.

Then one Saturday we went to his village to visit. And his mother showed us a beautifully patterned basket, made of dyed raffia, that his brother had made. I was startled. It had not occurred to me that anybody in his family could actually make something. All I had heard about them is how poor they were, so that it had become impossible for me to see them as anything else but poor. Their poverty was my single story of them.

Years later, I thought about this when I left Nigeria to go to university in the United States. I was 19. My American roommate was shocked by me. She asked where I had learned to speak English so well, and was confused when I said that Nigeria happened to have English as its official language. She asked if she could listen to what she called my "tribal music", and was consequently very disappointed when I produced my tape of Mariah Carey. (Laughter) She assumed that I did not know how to use a stove.

What struck me was this: She had felt sorry for me even before she saw me. Her default position toward me, as an African, was a kind of patronizing, well-meaning, pity. My roommate had a single story of Africa. A single story of catastrophe. In this single story there was no possibility of Africans being similar to her, in any way. No possibility of feelings more complex than pity. No possibility of a connection as human equals.

I must say that before I went to the U.S. I didn't consciously identify as African. But in the U.S. whenever Africa came up people turned to me. Never mind that I knew nothing about places like Namibia. But I did come to embrace this new identity. And in many ways I think of myself now as African, although I still get quite irritable when Africa is referred to as a country. The most recent example being my otherwise wonderful flight from Lagos two days ago, in which there was an announcement on the Virgin flight about the charity work in "India, Africa and other countries". (Laughter)

So after I had spent some years in the U.S. as an African, I began to understand my roommate's response to me. If I had not grown up in Nigeria, and if all I knew about Africa were from popular images, I too would think that Africa was a place of beautiful landscapes, beautiful animals, and incomprehensible people, fighting senseless wars, dying of poverty and AIDS, unable to speak for themselves, and waiting to be saved, by a kind, white foreigner. I would see Africans in the same way that I, as a child, had seen Fide's family.

This single story of Africa ultimately comes, I think, from western literature. Now, here is a quote from the writing of a London merchant called John Locke, who sailed to west Africa in 1561, and kept a fascinating account of his voyage. After referring to the black Africans as "beasts who have no houses", he writes, "They are also people without heads, having their mouth and eyes in their breasts."

Now, I've laughed every time I've read this. And one must admire the imagination of John Locke. But what is important about his writing is that it represents the beginning of a tradition of telling African stories in the West. A tradition of Sub-Saharan Africa as a place of negatives, of difference, of darkness, of people who, in the words of the wonderful poet, Rudyard Kipling, are "half devil, half child".

And so I began to realize that my American roommate must have, throughout her life, seen and heard different versions of this single story, as had a professor, who once told me that my novel was not "authentically African." Now, I was quite willing to contend that there were a number of things wrong with the novel, that it had failed in a number of places. But I had not quite imagined that it had failed at achieving something called African authenticity. In fact I did not know what African authenticity was. The professor told me that my characters were too much like him, an educated and middle-class man. My characters drove cars. They were not starving. Therefore they were not authentically African.

But I must quickly add that I too am just as guilty in the question of the single story. A few years ago, I visited Mexico from the U.S. The political climate in the U.S. at the time, was tense. And there were debates going on about immigration. And, as often happens in America, immigration became synonymous with Mexicans. There were endless stories of Mexicans as people who were fleecing the healthcare system, sneaking across the border, being arrested at the border, that sort of thing.

I remember walking around on my first day in Guadalajara, watching the people going to work, rolling up tortillas in the marketplace, smoking, laughing. I remember first feeling slight surprise. And then I was overwhelmed with shame. I realized that I had been so immersed in the media coverage of Mexicans that they had become one thing in my mind, the abject immigrant. I had bought into the single story of Mexicans and I could not have been more ashamed of myself. So that is how to create a single story, show a people as one thing, as only one thing, over and over again, and that is what they become.

It is impossible to talk about the single story without talking about power. There is a word, an Igbo word, that I think about whenever I think about the power structures of the world, and it is "nkali". It's a noun that loosely translates to "to be greater than another". Like our economic and political worlds, stories too are defined by the principle of nkali. How they are told, who tells them, when they're told, how many stories are told, are really dependent on power.

Power is the ability not just to tell the story of another person, but to make it the definitive story of that person. The Palestinian poet Mourid Barghouti writes that if you want to dispossess a people, the simplest way to do it is to tell their story, and to start with "secondly". Start the story with the arrows of the Native Americans, and not with the arrival of the British, and you have an entirely different story. Start the story with the failure of the African state, and not with the colonial creation of the African state, and you have an entirely different story.

I recently spoke at a university where a student told me that it was such a shame that Nigerian men were physical abusers like the father character in my novel. I told him that I had just read a novel called "American Psycho" — (Laughter) — and that it was such a shame that young Americans were serial murderers. (Laughter) (Applause) Now, obviously I said this in a fit of mild irritation. (Laughter)

I would never have occurred to me to think that just because I had read a novel in which a character was a serial killer that he was somehow representative of all Americans. And now, this is not because I am a better person than that student, but, because of America's cultural and economic power, I had many stories of America. I had read Tyler and Updike and Steinbeck and Gaitskill. I did not have a single story of America.

When I learned, some years ago, that writers were expected to have had really unhappy childhoods to be successful, I began to think about how I could invent horrible things my parents had done to me. (Laughter) But the truth is that I had a very happy childhood, full of laughter and love, in a very close-knit family.

But I also had grandfathers who died in refugee camps. My cousin Polle died because he could not get adequate healthcare. One of my closest friends, Okoloma, died in a plane crash because our firetrucks did not have water. I grew up under repressive military governments that devalued education, so that sometimes my parents were not paid their salaries. And so, as a child, I saw jam disappear from the breakfast table, then margarine disappeared, then bread became too expensive, then milk became rationed. And most of all, a kind of normalized political fear invaded our lives.

All of these stories make me who I am. But to insist on only these negative stories is to flatten my experience, and to overlook the many other stories that formed me. The single story creates stereotypes. And the problem with stereotypes is not that they are untrue, but that they are incomplete. They make one story become the only story.

Of course, Africa is a continent full of catastrophes. There are immense ones, such as the horrific rapes in Congo. And depressing ones, such as the fact that 5,000 people apply for one job vacancy in Nigeria. But there are other stories that are not about catastrophe. And it is very important, it is just as important, to talk about them.

I've always felt that it is impossible to engage properly with a place or a person without engaging with all of the stories of that place and that person. The consequence of the single story is this: It robs people of dignity. It makes our recognition of our equal humanity difficult. It emphasizes how we are different rather than how we are similar.

So what if before my Mexican trip I had followed the immigration debate from both sides, the U.S. and the Mexican? What if my mother had told us that Fide's family was poor and hardworking? What if we had an African television network that broadcast diverse African stories all over the world, what the Nigerian writer Chinua Achebe calls "a balance of stories"? What if my roommate knew about my Nigerian publisher, Mukta Bakaray, a remarkable man who left his job in a bank to follow his dream and start a publishing house? Now, the conventional wisdom was that Nigerians don't read literature. He disagreed. He felt that people who could read, would read, if you made literature affordable and available to them.

Shortly after he published my first novel I went to a TV station in Lagos to do an interview. And a woman who worked there as a messenger came up to me and said, "I really liked your novel. I didn't like the ending. Now you must write a sequel, and this is what will happen ..." (Laughter) And she went on to tell me what to write in the sequel. Now I was not only charmed, I was very moved. Here was a woman, part of the ordinary masses of Nigerians, who were not supposed to be readers. She had not only read the book, but she had taken ownership of it and felt justified in telling me what to write in the sequel.

Now, what if my roommate knew about my friend Fumi Onda, a fearless woman who hosts a TV show in Lagos, and is determined to tell the stories that we prefer to forget? What if my roommate knew about the heart procedure that was performed in the Lagos hospital last week? What if my roommate knew about contemporary Nigerian music? Talented people singing in English and Pidgin, and Igbo and Yoruba and Ijo, mixing influences from Jay-Z to Fela to Bob Marley to their grandfathers. What if my roommate knew about the female lawyer who recently went to court in Nigeria to challenge a ridiculous law that required women to get their husband's consent before renewing their passports? What if my roommate knew about Nollywood, full of innovative people making films despite great technical odds? Films so popular that they really are the best example of Nigerians consuming what they produce. What if my roommate knew about my wonderfully ambitious hair braider, who has just started her own business selling hair extensions? Or about the millions of other Nigerians who start businesses and sometimes fail, but continue to nurse ambition?

Every time I am home I am confronted with the usual sources of irritation for most Nigerians: our failed infrastructure, our failed government. But also by the incredible resilience of people who thrive despite the government, rather than because of it. I teach writing workshops in Lagos every summer. And it is amazing to me how many people apply, how many people are eager to write, to tell stories.

My Nigerian publisher and I have just started a non-profit called Farafina Trust. And we have big dreams of building libraries and refurbishing libraries that already exist, and providing books for state schools that don't have anything in their libraries, and also of organizing lots and lots of workshops, in reading and writing, for all the people who are eager to tell our many stories. Stories matter. Many stories matter. Stories have been used to dispossess and to malign. But stories can also be used to empower, and to humanize. Stories can break the dignity of a people. But stories can also repair that broken dignity.

The American writer Alice Walker wrote this about her southern relatives who had moved to the north. She introduced them to a book about the southern life that they had left behind. "They sat around, reading the book themselves, listening to me read the book, and a kind of paradise was regained." I would like to end with this thought: That when we reject the single story, when we realize that there is never a single story about any place, we regain a kind of paradise. Thank you. (Applause)

附录1.3 关于Impartiality的阅读文献

The concept of impartiality[1]

It is all too easy to assume that the word impartiality must denote a positive, unitary concept—presumably a concept closely linked with, if not identical to, morality. This, however, is simply not the case. Rather, there are various sorts of behavior that may be described as "impartial", and some of these obviously have little or nothing to do with morality. A person who chooses an accountant on the basis of her friends' recommendations may be entirely impartial between the various candidates (members of the pool of local accountants) with respect to their gender, their age, or where they went to school. Yet if her choice is motivated solely by rational self-interested considerations then it is clear that the impartiality she manifests is in no way a form of moral impartiality. To take a more extreme case, consider an insane serial killer who chooses his victims on the basis of their resemblance to that some celebrity. The killer may be impartial with respect to his victims' occupations, religious beliefs, and so forth, but it would be absurd to regard this as a form of moral impartiality.

It is also worth noting that some types of impartiality may in themselves be immoral or morally questionable. Suppose that I decide to pass along a treasured family heirloom to one of my two sons, Bill and Phil. Flipping a coin would constitute one type of impartial procedure for choosing between the two. But suppose that I have already promised the heirloom to Phil on several occasions. In this case it would be quite wrong to allow a coin toss to determine whether he gets it. Deciding by means of a coin toss would be an impartial procedure, but it would be the wrong sort of impartiality here, for it would ignore

1 出自 https://plato.stanford.edu/entries/impartiality/,2017年3月20日析出。

the moral obligation created by my previous promises.

The word "impartiality", then, picks out a broad concept that need not have anything to do with morality. In this broad sense, impartiality is probably best characterized in a negative rather than positive manner: an impartial choice is simply one in which a certain sort of consideration (i.e. some property of the individuals being chosen between) has no influence. An analysis along these lines has been proposed by Bernard Gert, who holds that "A is impartial in respect R with regard to group G if and only if A's actions in respect R are not influenced at all by which member(s) of G benefit or are harmed by these actions" (Gert 1995, p104). Thus, for Gert, impartiality is a property of a set of decisions made by a particular agent, directed toward a particular group.

Gert's analysis captures the important fact that one cannot simply ask of a given agent whether or not she is impartial. Rather, we must also specify with regard to whom she is impartial, and in what respect. Gert's analysis, then, permits and indeed requires that we make fairly fine-grained distinctions between various sorts of impartiality. This is necessary, since one and the same agent might manifest various sorts of partiality and impartiality towards various groups of persons. Consider, for instance, a university professor who is also a mother of five children, and who is currently acting as a member of a hiring committee. Such an agent might be impartial between her children with respect to the care they receive (while preferring her own children over others in this respect), and also impartial between the various job candidates; but it is clear that these two uses of the word "impartial" denote very different practices. In particular, the idea of merit applies in one case but not the other: to be impartial between job candidates is presumably to select between them on the basis of merit, whereas to be impartial between one's children is not to think of merit at all, but rather to provide equal protection and care to all.

Many attempts to characterize impartiality fail to respect the distinction between the broadest, most formalistic sense of the notion, and a more specifically moral impartiality. To say, for instance, that an impartial choice is one that is free of bias or prejudice is to presuppose that we are dealing with a certain sort of impartiality, that which is required or recommended by morality, or at least worthy of moral approbation. "Bias" and "prejudice" are loaded terms, suggesting not only that some consideration is being excluded, but also that the exclusion is appropriate and warranted. Similarly, the idea that impartiality requires that we give equal and/or adequate consideration to the interests of all concerned parties goes well beyond the requirements of the merely formal notion. (In the coin toss case, it is quite clear that Phil's claims to the heirloom are not being given equal or adequate consideration.) As a characterization of moral impartiality, however, this suggestion is perhaps more promising, at least in some contexts.

Impartiality in journalism[1]

David Brewer

What it means to be impartial?

Being impartial means not being prejudiced towards or against any particular side. All journalists have their own views, and yet, to deliver comprehensive and authoritative coverage of news and current affairs, they must rise above their own personal perspectives. Only by reflecting the diversity of opinion fairly and accurately can we hope to offer a true picture of what is really happening.

Impartiality in news

News is about delivering facts that have been tested, sourced, attributed and proven. Impartiality is essential for robust news coverage. It is not about being soft and bland. It is about stripping out the personal, and allowing the audience the dignity of drawing their own conclusions free from any thought pollution injected by the journalist. It means we must strive to:

- ✧ reflect a wide range of opinions
- ✧ explore conflicting views
- ✧ ensure that no relevant perspective is ignored
- ✧ avoid any personal preferences over subject matter or choice of interviewees

1 出自 http://mediahelpingmedia.org/training-resources/editorial-ethics/238-impartiality-in-journalism，2017年5月20日析出。

✧ be honest and open about any personal interests/history

Editorial freedom

In terms of editorial freedom, journalists should be free to:

✧ cover any subject if there are good editorial reasons for doing so

✧ report on a specific aspect of an issue

✧ provide an opportunity for a single view to be expressed

✧ cover stories that might offend part of the audience

When we invite people such as academics, industry experts and social support workers to comment on issues, we need to take into account that they may have their own agendas for cooperating with us. They will probably not be offering an impartial perspective. They are the voices who can help us include multiple perspectives.

The choice of who we invite to contribute to our journalism is important. Here we must be fair. Ideally, we should try to find time to include all perspectives, but that may not be realistic.

We will need to choose who we talk to. And it may not be possible to offer equal time for all views. Again, we need to make choices. But with all these challenges we need to be true to ourselves, our colleagues, our editor and, most importantly, our audience in order to demonstrate that we have been fair and that we have not ignored any significant voices.

We might know someone involved in the story. It could be a friend or a relative. We might have covered a similar story before, and there might be some historical issues that we are aware of that could compromise our ability to report accurately and fairly. In all cases we need to share these with our senior editorial team.

Sometimes we may not be able to see the possible conflict of interests or areas that could lead to accusations that we have not been open and impartial. It is always best to talk these things through with senior colleagues. Keeping quiet is not an option and certainly never the solution.

Editorial discussions with colleagues will help formulate this policy case by case. A journalist should not struggle alone.

Controversial subjects might cover politics, religion, sexual practices, human relationships and financial dealings. In all cases, we must ensure that a wide range of views and perspectives are aired.

Opinion and fact

We also need to ensure that opinion is clearly distinguished from fact. We might also need to ensure that some views are reflected in our output, even if we find some repulsive. We have a duty to inform the public debate regardless of our own personal points of view and preferences.

When our own media organisation becomes the story, perhaps bad financial news, a sacking, a drugs scandal, poor ratings, etc, we need to ensure that we are prepared to report on news affecting us as we would on news affecting others.

Sometimes journalists talk about offering "balanced" reporting.

That is not realistic. Life is not balanced and nor is the journalism that reports on life.

It might be that a story is so one-sided that to try to offer so-called "balance" makes a mockery of the report. In such cases, we should aim to offer other perspectives later in the programme or in a later bulletin. We can ensure we offer all sides in our online coverage.

Personal views offering one side of a story can often add fresh public understanding of an issue and encourage debate. These can include the views of victims and those who feel that they, or others, have been wronged. Such personal views can be highly partial. In such cases, it is important we make it clear to the audience that the views being expressed offer one side only.

Alternative points of view

It is our responsibility to find alternative points of view within the same programme strand or within the next bulletin. In all cases we must:

- ✧ retain a respect for factual accuracy
- ✧ fairly represent opposing points of view except when inappropriate, defamatory or incendiary

✧ provide an opportunity to reply

✧ ensure that a sufficiently broad range of views and perspectives is included

✧ ensure that these are broadcast in similar output, measure and time of day

With online debates we need to protect the audience from being led to believe that the views being discussed are endorsed by our media organisation. To do so we must:

✧ not endorse or support any personal views or campaigns

✧ make a clear distinction between our content and that created by the audience

✧ make clear what resources we are providing

附录3.1 关于积极人格发展建议的阅读材料

Top 12 most important personality development tips[1]

"Personality Development". How often do we hear this term, from our mentors, our teachers, on the covers of self-help books or on the banners of institutes and learning centres? The abundance of the usage of this term signals towards its importance in today's life. So what do you mean by personality development? Is it something about how you look, or how you speak? Or is it how easily you can connect with people? Personality development is none of these. Or somewhere it is all of it. In order to survive in today's world one needs to be smart and quick-witted all the time. It is no longer just about how much effort you put into your work but one's personality also has a lot to do with what one achieves. Here I have got 12 simple yet crucial tips over how you can acquire a well-meaning personality.

1. Be confident

Yes, that's the key. Being confident about who you are and what you are doing is the most important tip for personality development. Never doubt your capabilities and if there is something you need to work upon then put in all the effort so you can come over your fears and gain confidence. Read success stories or surround yourself with motivational thoughts or "encouragements" which can boost up your self esteem and help you in attaining a charming personality. Just everything you do, have faith in yourself and put in your hard work. There can be nothing more appealing in your personality than an incredible confidence.

2. Be yourself

Though one can always look up to other people to take an inspiration from, but you

1 出自 https://listovative.com/top-12-most-important-essential-personality-development-tips/，2017年3月20日析出。

should still remain your own unique self. Each one of us is different, we have our own sets of skills and flaws and trying to be somebody else gets you nowhere and just simply backfires. Trying too hard to fit in a new group or wanting to belong should never take your authenticity and singularity away. Never try moulding into another person but instead work on being the best version of yourself.

3. Check your attire

I am not abruptly beginning to emphasize about your exterior self instead of your skills and abilities but one's attire has an important role to play while making a desirable impression. And not just that, but it also gives yourself a confidence boost knowing that you look good and are dressed appropriately. Dress up in a decent manner and keeping your surroundings in mind. While flashy colors and too much body tattoos or piercings convey an unprofessional attitude, neatly ironed clothes make you look presentable.

4. Work on your body language

Body language is just as important for your personality as your verbal communication skills. It tells a lot about yourself and helps people in making accurate conjectures about you. Everything including the way you walk, sit, talk or eat leaves an impact over the people around you and having a correct body language can do wonders for your personality. Walk in an upright position with shoulders straight. Do not droop. Sit in a relaxed posture and make always eye contact while speaking.

5. Be courteous

Being courteous is never out of fashion and is well appreciated and respected by everyone. Be humble and greet everyone with a smile. Never shy away from helping or supporting your peers and being available to them whenever they need you. Doing random acts of kindness will not just make somebody else's day but it will also make you come along as a pleasing person. Also it will give your personality a confidence boost. Be humble and down to earth to your juniors and seniors alike.

6. Be a little fun

Oh yes, this is necessary! Being able to find a humorous side in otherwise terrible situations and bringing a little quirkiness of your own is appreciated by one and all. Everybody loves a person who can make them laugh and bring a funny perspective to the regular things of life. One does not need to be all serious and sober all the time but adorning your funny hat (not literally) every once in a while will turn you into a more charming personality.

7. Be a good listener

"Most people do not listen with the intent to understand; they listen with the intent to reply." True it is. Being a good listener may not seem like but it is an important step towards achieving a more likable personality. When somebody talks to you, listen with interest and give them all the attention and importance. Maintain a direct eye contact and do not get distracted by the surroundings. It will help you in knowing a better deal about people and attending them in a better way.

8. Read more often and develop new interests

A man of very few interests has very little to talk about. But if you are well informed about things and cultivate a number of interests, more people tend to like you. You can strike up interesting conversations instead of appearing to be dull and monotonous. When you meet new people you do not have to think about what to say as you can share your knowledge or your interests and get them indulged in conversation.

9. Meet new people

Meeting new and different kinds of people is a healthy step towards expanding your horizons and exposing yourself to a larger number of things. You get an opportunity to know more about other cultures and lifestyles and it significantly has a positive effect on your own personality.

10. Have an opinion

Having an opinion and being able to confidently put it forward doesn't just help making your conversations interesting but it also makes you look more influential and well informed around other people. Never shy away from projecting your opinions even if they happen to conflict with those of other people. Be well informed about all the relevant stuff in your surrounding and feel free to have opinions. It will make yourself feel important too.

11. Bring positivity in your outlook

Your thoughts and your actions both need to be positive in order to have an attractive personality. The way we think has a lot of effect on the way how we act. And if one prospers positive thoughts inside his mind then that also gives him a confidence boost and enhances their personality. Situations and circumstances in life can always be full highs and lows. But in order to adopt a positive outlook towards life, you need to find the brighter side of the things and focus on the good parts.

12. Know yourself

Obviously before you get on developing something you need to know all about it first. The same goes with your personality. One needs to start with taking a good look at themselves, analyzing their traits, the strengths and weaknesses and everything that needs to be worked upon. Don't shy away from accepting your flaws and learn about yourself as much as you can.

附录4.1 关于*Pygmalion*作品的评论[1]

Most people know this story, right? If not from reading the play then from seeing the classic Hollywood's production of *My Fair Lady* musical, right? The 1912 story of a simple London Cockney flower girl Eliza who learns how to speak like a proper British lady from a renown phonetist (and, honestly, a rather miserable person) Henry Higgins. Both Higgins and Eliza have remarkably strong characters and no wonder that problems ensue (well, because of that and because of the fact that a well-mannered British woman in the early 20th century seemingly did not really have that many choices besides finding herself a man). According to the famous movie, sparks also fly between Eliza and Higgins. But do they, really? In the words of Shaw himself, "Nevertheless, people in all directions have assumed, for no other reason than that she became the heroine of a romance, that she must have married the hero of it."

And that's where the Audrey Hepburn movie lost me. After all, haven't the movie makers read the famous afterword by Shaw himself (and I honestly think that it's just as interesting as the play itself!), where he painstakingly details the future lives of his characters and destroys every notion of the happily ever after for Eliza and Higgins—the ever-after that was already clearly doomed in the play itself:

"LIZA [desperate]: Oh, you are a cruel tyrant. I can't talk to you: you turn everything against me: I'm always in the wrong. But you know very well all the time that you're nothing but a bully. You know I can't go back to the gutter, as you call it, and that I have no real friends in the world but you and the Colonel. You know well I couldn't bear to live with a low common man after you two; and it's wicked and cruel of you to insult me by pretending I could. You think I must go back to Wimpole Street because I have nowhere else to go but

1 出自 http://www.goodreads.com/book/show/7714. Pygmalion/, 2017年3月20日析出。

father's. But don't you be too sure that you have me under your feet to be trampled on and talked down. I'll marry Freddy, I will, as soon as he's able to support me."

After all, it would not be in character for Eliza, who is not really a romantic character but a strong, pragmatic, and independent young woman who would not settle for a life of bringing Higgins his slippers (oh, that awful last line of the movie!!!) and being ignored; a woman who is not beyond a well-aimed slippers throw to the face:

"This being the state of human affairs, what is Eliza fairly sure to do when she is placed between Freddy and Higgins? Will she look forward to a lifetime of fetching Higgins's slippers or to a lifetime of Freddy fetching hers? There can be no doubt about the answer. Unless Freddy is biologically repulsive to her, and Higgins biologically attractive to a degree that overwhelms all her other instincts, she will, if she marries either of them, marry Freddy.

And that is just what Eliza did."

No, Eliza Doolittle is not a woman to be ignored. She is a strong, independent and level-headed heroine who has guts and self-worth even before her "magical" lady-like transformation. She knows what she wants, and she determinedly sets out on the path that she thinks would lead her to her dream—working in a flower shop. She may be comical and pathetic in the beginning—but she knows she's not nothing (unlike the view of her that Henry Higgins has). She stands up for herself even when she is clearly in an unfavorable situation—a woman vs. a man, a social nothing vs. a respected gentleman, a physically weaker creature vs. a physically more intimidating one:

"I won't be called a baggage when I've offered to pay like any lady."

And from the afterword:

"Even had there been no mother-rival, she would still have refused to accept an interest in herself that was secondary to philosophic interests."

And her feeling of self-worth only increases as the horizons of the society open up more for her. She refuses to play second fiddle even to a powerful and intimidating Higgins. The thing is—Higgins, contrary to his belief, did not "create" Eliza, like the famous literary *Pygmalion* created his Galatea; he merely gave her more power to achieve what she wants.

And what she wants does not include being ignored and fetching him his bloody slippers. He is a strong man—well, she is an equally strong woman who will have what's best for her. And even if in the end—the afterword—Eliza's independence is not complete and she continues to owe a lot to the duo of Higgins and Pickering—but again, somehow on her own terms.

"But to admire a strong person and to live under that strong person's thumb are two different things."

This was my first time reading this play in English, and reading it in the language it was intended to be read in highlighted even more the brilliance of Shaw as a playwright and the exquisite humor of it. Shaw skillfully deconstructs the notions of the British class system—and does it with easily felt pleasure and enjoyment, and continues to do so in the afterword, which I enjoyed so much. In the end, it's not about Eliza becoming a lady on Henry Higgins' terms; it's all about the shrewd future florist/greengrocer Eliza, and that's the awesomeness of it. It is an excellent read, a timeless one, thoroughly entertaining and thought-provoking. Easy 5 stars!

"Galatea never does quite like Pygmalion: his relation to her is too godlike to be altogether agreeable."

附录4.2 学生的诗歌习作展示

Love is pardon

Love is patience

Love is merely a kind of company

Love is quarrel

Love is fighting

Love is the value after parting

——学生1

What is love

What is love

Love is enjoying the sunset with you along the bay

It is having you accompanied all the way

What is love

Love is helping you to get through the dark

It is keeping your words deeply into my heart

What is love

Love is helping you to get through the dark

It is giving you light when you are low

What is love

Love is adoring the way you lie

Oh, it spite of you and me

And the whole silt world going into pieces

My love to you will never die

——学生2

Warmly shines the sun

Gently blows the easterly

Gradually comes spring

——学生3

In my long long dream

I heard the sound of blossom

Birds are spilling songs

——学生4

Teacher

Kind, friendly

Teaching, leading, smiling

Friend and guidance too

Mine

——学生5

Look

Barcelona performing

Pass Pass Pass

Now it's Messi's chance

Goal

——学生6

Family

Warm, Friendly

Caring, loving, accompanying

All day, all night

Together

——学生7

Spring

Via the bell of spring

Fragrance spread what herb turn green

Burgeon in the rain

——学生 8

Spring

Mild rain brings colours

With gentle wind spreading sound

The spring lights a world

——学生 9

Family

Warm, peace

Eating, chatting, laughing

Friend and partner too

Forever

——学生 10

Teacher

Angry, happy

Teaching, playing, accompanying

Meeting and leaving

Ours

——学生 11

Family

Lonely, quiet

Wandering, missing, sighing

Parents and strangers too

Silent

——学生 12

Spring

The world comes alive

But rain makes everything wet

Oh my god, so wet!

——学生 13

Spring is coming soon

Flower is going to bloom

If you water them

——学生 14

附录7.1 同一主题Do the right thing的五篇阅读材料

同主题学习内容一：中学生的真实生活故事

When I was in the sixth grade, my teacher asked our class the question, "What does 'doing the right thing' mean to you?" She asked us to think about that question over the weekend, and to talk to our parents or anyone else we thought might have a good answer. By Monday, we were to turn in an essay on what "doing the right thing" meant, and be prepared to live up to our answers.

The entire weekend, I wracked my brain trying to come up with something that would impress my teacher and be easy to live by. I talked to my parents, called my grandmother and asked my next-door neighbor. I even asked the mailman! Everyone had good answers, but I didn't feel like I could live up to them.

By Sunday afternoon, I hadn't written my essay. To make matters worse, my parents said we were going to my Aunt Cindy's house. That usually meant that I would have to entertain my cousin Andrea while my parents visited after dinner. Andrea was four and a major pest.

Just as I predicted, my parents told me to play with Andrea while they visited. I turned on the television and found a Disney movie for Andrea, and then I sat down and started to write my essay. I still didn't know what I was going to write about, but it was due the next morning and this was my last chance.

Soon I felt a pair of eyes on me. It was Andrea.

"What are you doing?" she asked.

"I have to write an essay about what doing the right thing means to me."

Andrea laughed. "That's easy," she said.

"Okay," I said, thinking, "What could this smart aleck four-year-old possibly know that all of the adults who I had asked hadn't already come up with?"

"Tell me the answer," I said smugly.

Andrea cleared her throat and stood up.

"Doing the right thing means being nice to your family and friends. Do what your mommy says. Never lie. Eat lots of fruits and vegetables. Don't eat dog food. Take a bath when you're dirty and wash your own private parts. Don't watch icky movies with kissing and stuff. Don't waste water and electricity. Don't scare the cat. Don't ever run away. And never, never put rocks in your mouth."

I stared with astonishment at my little cousin. Then I jumped up, grabbed Andrea and gave her the biggest hug I could. Not only had Andrea answered a very tough question for me, I could easily live by all of her rules. All I had to do was be nice, not lie, keep myself clean and healthy, not scare cats, and never, never put rocks in my mouth. Piece of cake. So when I wrote my essay, I included the story about Andrea and how she had answered my question.

Two weeks later, my teacher returned everyone's essays. I received an A+ along with a little note my teacher had written at the top, "Always do the right thing—and give Andrea an A+, too!"

同主题学习内容二：流行歌曲

The right thing right

— Johnny Marr

歌词内容略，读者可以在网上试听歌曲演唱，体会歌词具体含义。

同主题学习内容三：本学区网上英雄榜

Do the right thing award winners

1. JUNIOR APARICIO, eighth grade, Jose De Diego Middle:

Recently, during dismissal time, Junior saw a sixth grade student sitting on the floor and crying. He asked the student what was happening to him, but the sixth grader had trouble speaking and could not breathe well. Junior quickly went to call an administrator and did not leave the student's side until the administrator assisted the student. He wanted to make sure that the student would receive the help that he needed. When help arrived, Junior assisted in carrying the student inside the school building. The school had to call the ambulance because the student was having an asthma attack. We are very proud of Junior for performing this heroic act of kindness.

2. SHOMARI JOHNSON, eighth grade, Country Club Middle:

Shomari is being honored because he is a very courageous young man. A physical fight almost took place at his school and the only reason it did not escalate was because Shomari detained one of the students who was about to fight. Shomari was very brave in doing so and his only interest was to keep all students safe. Shomari remained very humble while receiving praise from the administration for his great actions.

3. MICHAEL LOPEZ, twelfth grade, John A. Ferguson Senior High:

It is not every day that students make an effort to be honest especially when a large amount of money is involved. Michael found $100 in the hallway and turned it in so the rightful owner could be found. This shows incredible honesty and integrity and Michael is being commended for doing the right thing.

4. SEBASTIAN RICARDO, eighth grade, Glades Middle:

Recently, Sebastian was walking in the cafeteria and noticed a taller boy choking a younger boy. Sebastian immediately pulled the boy off of the other student. He stopped the quarrel and prevented any injuries from occurring. Sebastian not only saw something and said something, he did something!

5. JIMMELIA SYDNEY, third grade, Nathan B. Young Elementary:

A few weeks ago on their way to school, Jimmelia's brother found what he thought was a real gun on the ground at their apartment complex. He picked up the gun and began showing it to his friends. One of his friends urged him to put the gun in his book bag and take it to school. Jimmelia immediately took action! She began talking to her brother and eventually convinced him to throw it in the lake. Instead of being a bystander and agreeing with the others in the group, Jimmelia had the courage and the strength to stand up and do the right thing.

同主题学习内容四：童话与科学

The story of *Goldilocks and the three bears*[1]

Once upon a time, there was a little girl named Goldilocks. She went for a walk in the forest. Pretty soon, she came upon a house. She knocked and, when no one answered, she walked right in.

At the table in the kitchen, there were three bowls of porridge. Goldilocks was hungry.

She tasted the porridge from the first bowl. "This porridge is too hot!" she exclaimed.

So, she tasted the porridge from the second bowl. "This porridge is too cold," she said.

So, she tasted the last bowl of porridge. "Ahhh, this porridge is just right," she said happily and she ate it all up.

After she'd eaten the three bears' breakfasts, she was feeling a little tired. So, she walked into the living room where she saw three chairs. Goldilocks sat in the first chair to rest her feet. "This chair is too big!" she exclaimed.

So she sat in the second chair. "This chair is too big too!" she whined.

So she tried the last and smallest chair. "Ahhh, this chair is just right," she sighed.

But just as she settled down into the chair to rest, it broke into pieces!

Goldilocks was very tired by this time, so she went upstairs to the bedroom. She lay down in the first bed, but it was too hard. Then she lay in the second bed, but it was too soft. Then she lay down in the third bed and it was just right. Goldilocks fell asleep.

As she was sleeping, the three bears came home.

"Someone's been eating my porridge," growled the Papa bear.

"Someone's been eating my porridge," said the Mama bear.

1 出自 http://www.dltk-teach.com/rhymes/goldilocks_story.htm，2017年3月20日析出。

"Someone's been eating my porridge and they ate it all up!" cried the Baby bear.

"Someone's been sitting in my chair," growled the Papa bear.

"Someone's been sitting in my chair," said the Mama bear.

"Someone's been sitting in my chair and they've broken it all to pieces," cried the Baby bear.

They decided to look around some more and when they got upstairs to the bedroom, Papa bear growled, "Someone's been sleeping in my bed." "Someone's been sleeping in my bed too," said the Mama bear. "Someone's been sleeping in my bed and she's still there!" exclaimed Baby bear.

Just then, Goldilocks woke up and saw the three bears. She screamed, "Help!" And she jumped up and ran out of the room. Goldilocks ran down the stairs, opened the door, and ran away into the forest. And she never returned to the home of the three bears.

Goldilocks principle[1]

The Goldilocks principle is the idea that there is an ideal amount of some measurable substance, an amount in the middle or mean of a continuum of amounts, and that this amount is "just right" for a life-supporting condition to exist. The analogy is based on the children's story, *Goldilocks and The Three Bears*, in which a little girl named Goldilocks tastes three different bowls of porridge, and she finds that she prefers porridge which is neither too hot nor too cold, but has just the right temperature. Since the children's story is well known across cultures, the concept of "just the right amount" is easily understood and is easily applied to a wide range of disciplines, including developmental psychology, biology, economics and engineering.

In cognitive science and developmental psychology, the Goldilocks effect or principle refers to an infant's preference to attend to events which are neither too simple nor too complex according to their current representation of the world. This effect was

1 出自http://www.revolvy.com/topic/Goldilocksprinciple & item-type=topic，2017年3月20日析出。

observed in infants, who are less likely to look away from a visual sequence when the current event is moderately probable, as measured by an idealized learning model.

In astrobiology, the Goldilocks zone refers to the habitable zone around a star. The Rare Earth Hypothesis uses the Goldilocks principle in the argument that a planet must neither be too far away from, nor too close to a star and galactic center to support life, while either extreme would result in a planet incapable of supporting life. Such a planet is colloquially called a "Goldilocks Planet".

In medicine, it can refer to a drug that can hold both antagonist (inhibitory) and agonist (excitatory) properties. For example, the antipsychotic Aripiprazole causes antagonism of Dopamine D2 receptors in areas such as the Mesolimbic area of the brain (which show increased dopamine activity in psychosis), but also agonism of Dopamine receptors in areas of dopamine hypoactivity, such as the mesocortical area.

In economics, a Goldilocks economy sustains moderate economic growth and low inflation, which allows a market-friendly monetary policy. A Goldilocks market occurs when the price of commodities sits between a bear market and a bull market. Goldilocks pricing is a marketing strategy that, although not directly related to the Goldilocks principle, uses product differentiation to offer three versions of a product to corner different parts of the market: a high-end version, a middle version and a low-end version.

In communication, the Goldilocks principle describes the amount, type and detail of communication necessary in a system to maximize effectiveness while minimizing redundancy and excessive scope on the "too much" side and avoiding incomplete or inaccurate communication on the "too little" side.

同主题学习内容五：商业管理

Doing things right vs. Doing the right things[1]

In my last article, I talked about the difference between Tactical thinking and Strategic

1 出自 http://www.sitepoint.com/doing-things-right-vs-doing-the-right-things/，2017年3月20日析出。

thinking. In a nutshell, Tactical thinking is "doing things right" , while Strategic thinking is "doing the right things" . Strategic thinking is typically leadership: creating the vision. Whereas Tactical thinking is management: implementing the vision.

When it comes to strategic vs. tactical planning, it's easy to fall into either/or thinking—that is, either strategic thinking is better, or tactical thinking is better. This is especially true when you realize which type of thinker you are. We tend to believe that our type of thinking must be superior. But regardless of whether you are a strategic or a tactical thinker, you must come to realize that both types are critical to success; and you must learn to appreciate your business partner and/or your employees' way of thinking and value the contribution they can make towards accomplishing your goals.

So when I use the term strategic vs. tactical thinking, it's not to imply that they are at odds with one another; rather it's to contrast the difference between the two, so you can begin to distinguish and appreciate those differences. It's also critical to recognize when you are not applying both types of thinking to the situation.

Difficulties arise when one or the other, rather than both, is used to tackle a problem. Strategic thinkers tend to analyze the situation but often fail to take action. "Paralysis by analysis" is their downfall. Tactical thinkers are all about "doing something", but they often don't think before springing into action; so oftentimes, their action is ineffective, and perhaps unnecessary. If only they'd taken the time to step back and analyze the situation beforehand.

Think of strategic and tactical thinking like the strings of a violin. In order for the instrument to create beautiful music, each string must have tension applied to both ends. If tension is released from either side, then the music it was intended to create cannot be produced.

The apparent tension between strategic and tactical thinking is seen in the statement: "Doing Things Right vs. Doing the Right Things". Tactical thinkers tend to focus on "doing things right", and strategic thinkers are concerned with "doing the right things". But let's consider that statement for just a moment. If you do something "right", but it's the wrong thing to do, your efforts will be futile. Conversely, if you do the "right thing", but you do it wrong, you'll also fail miserably.

"Strategy without tactics is the slowest route to victory. Tactics without strategy is the noise before the defeat." — Sun Tzu

Let me give you a couple of examples.

Doing the Right Thing, but Doing it Wrong

When my partners and I began our web development business, one of the "things" we did to find clients was cold-calling. Today, I run a telemarketing department, so I know something about it. But eight years ago, I was completely ignorant on the topic. Without a script or much of plan, we opened the phone book and started calling.

As you can imagine, we were less than successful. We landed two very small jobs (one of which we ended up refunding the money), so we decided that cold calling wasn't the way to find clients in our market. It wasn't until a few years later that I met some colleagues who were having great success with cold-calling. One even told me that it was the primary way he gained new business. Our failure caused us to conclude that we were "doing the wrong thing", when in reality, we were "doing the thing wrong".

Doing the Wrong Thing, but Doing it Right

A few years later, I met a business woman whose product was coffee gift baskets. Previous to this, she'd been a freelance computer programmer and IT consultant. As most of you know, the primary way a person in that field gets business is through networking: belonging to groups such as chamber of commerce, establishing relationships with people that could become clients or who know others who could become clients. Much of this type of work is gained by "word of mouth." Jackie knew this and was good at it. And since that was all she knew, she was using it for her coffee gift basket business.

The problem was that, unlike computer programming, where she only needed maybe one or two new clients every few months to make a living, Jackie needed to sell several dozen baskets each week to make a profit. What Jackie needed was a website and a retail outlet to expose her product to the public. Networking meetings were getting her one or two sales, at best, a month. If Jackie had been a different type of person, she might have concluded that she was "doing the thing wrong" and tried harder—more networking meetings, talk to more people, and so on. Fortunately, she realized that, although she was "doing the thing right", it was "the wrong thing" to do for her new business.

So let's get away from either/or thinking, and engage in both/and thinking: both strategic thinking and tactical thinking are critical for success.

附录7.2　学生文字书写之美的图片展示

高三作文训练纸

班级：2　　姓名：郑煜宁　　学号：27　　批改区

Dear Peter,

How~~ing~~ is everything going? I'm writing to invite you to take part in the activity "Build a Civilized Campus" in our school this month.

Our school is a big family and it is everyone's duty to beautify the campus we live in. We aim at going hand in hand to set up our civilized campus where beauty and harmony meet. To achieve the goal, we'll call on all the students to communicate with each other in polite words. Meanwhile, we should behave ourselves and obey school rules. As a nice environment is good for us, we'll spare no efforts to create a pleasant school environment. All the above is to contribute to the good conduct of teachers and students in the school. It would be nice if you could join us.

Looking forward to your early reply.

Yours

Li Hua

Practice makes perfect!

高三作文训练纸

班级：高二2　　姓名：张露月　　学号：29　　批改区

Dear Peter,

How is everything going? I'm writing to invite you to take part in the activity "Build a Civilized Campus" in our school this month.

Our school is a big family and it is everyone's duty to beautify the campus where beauty and harmony meet. To acheive the goal, we'll call on all the students to communicate with each other in polite words. Meanwhile, we should behave ourselves and obey school rules. As a nice environment is good for us, we'll spare no efforts to create a pleasant school environment. All the above is to contribute to the good conduct of teachers and students in our school. It would be nice if you could join us.

Looking forward to your early reply.

Yours,

Li Hua

Practice makes perfect!

高三作文训练纸

班级：高三 2　　姓名：林颖虔　　学号：25　　批改区

Why should mankind explore space? Why should money, time and effort be spent exploring and researching something with so few appearant benefits? Why should resources be spent on space rather than on conditions and people on Earth? These are questions that, understandably, are very often asked.

Perhaps the best answer lies in our genetic makeup as human beings. What drove our ancestors to move from the trees into the plains, and on into all possible areas and environments? The wider the spread of a species, the better its chance of survival. Perhaps the best reason for exploring space is this genetic tendency to expand wherever possible.

Nearly every successful civilization has explored, because by doing so, any dangers in surrounding areas can be identified and prepared for.

Practice makes perfect!

高三作文训练纸

班级：高三(2)　　姓名：赵知润　　学号：9　　批改区

"If I ran my business the way you people operate your schools, I wouldn't be in business very long!" I said before a group of angry teachers. I represented a group of bussiness people who wanted to improve public schools. I was a manager at an ice cream company that became famous when people magazine choose our blueberry as the "Best Ice Cream in America."

As soon as I finished, a woman raised her hand. To my surprise, she appeared polite and pleasant. "We are told, sir, that you manage a company that makes good ice cream."

I replied proudly. "Best ice cream in America. Ma'am" "Sir," she said, When you're standing on your receiving dock and you see an inferior shipment of blueberries arrive. What do you do?" Immediately, I knew the question was a trap, but I wasn't going to lie."

"I send them back."

"That's right!" she raised her voice, "and we can never send back our blueberries. We take them big, small, rich, poor, gifted, confident

Practice makes perfect!

高三作文训练纸

班级：高三(2) 姓名：陈宛佳 学号：30 批改区

Dear Peter,

How is everything going? I'm writing to invite you to take part in the activity "Build a Civilized Campus" in our school this month.

Our school is a big family and it is everyone's duty to beau-tify the campus we live on. We aim at going hand in hand to set up our civilized campus where beauty and harmony meet. To achieve the goal, we'll call on all the students to communicate with each other in polite words. Meanwhile, we should behave ourselves and obey school rules. As a nice environment is good for us, we'll spare no efforts to create a pleasant school environment. All the above is to contribute to the good conduct of teachers and students in our school. It would be nice if you could join us.

Looking forward to your early reply.

Yours,

Li Hua.

Practice makes perfect!

高三作文训练纸

班级：高三(2) 姓名：黄聪媛 学号：26 批改区

Dear Peter,

How is everything going? I'm writing to invite you to take part in the activity "Build a Civilized Campus in our school this month.

Our school is a big family and it is everyone's duty to beautify the campus we live on. We aim at going hand in hand to set up our civilized campus where beauty and harmony meet. To achieve the goal, we'll call on all the students to communicate with each other in polite words. Meanwhile, we should behave ourselves and obey school rules. As a nice environment is good for us, we'll spare no efforts to create a pleasant school environment. All the above is to contribute to the good conduct of teachers and students in our school. It would be nice if you could join us.

Looking forward to your early reply.

Yours.

Li Hua

Practice makes perfect!

后 记

光阴荏苒，从我初登讲台迄今已是25年。职业生涯的头些年，我每天风风火火，心急火燎，从未觉得课堂是美的或可以有美。直到有一天，有位学生在卡片上写着："老师，您在讲台安静地坐着看书的样子很美。"那是课堂之美首次在我心中播种。后来，课余阅读了一些美学、音乐、诗歌、绘画等方面的书之后，我慢慢体悟到课堂与艺术之美中的若干相似之处。2014年，我开始梳理自己的课堂实践，从美学视角形成系统总结与发现，进而完成这本书的探索。

我对课堂美学的探索，虽然已经有多年的从不自觉到自觉的实践，但系统的反思和整理，还只是刚刚开始。由于篇幅和重点所限，这本书中只是呈现了我的部分实践、思考和梳理，且因此给自己未来的实践与思考留下更多的可能。

我能开展课堂美学的实践，完成这一反思与梳理，首先归功于我的学生，尤其是2018届的学生。从2015年起，我们一起走过三年。孩子们的热情、对我的包容和肯定，赋予了我进行探索的空间，也给予我开展更多探索的鼓励。三年来的每一节课，我无不是怀着愉悦的心情进入课室。课堂上我和孩子们互相调侃，互相学习，共同讨论，共同成长。

我也要衷心感谢鲁子问教授的指导，是您在听过我十多节的家常课，读过我写的一些美学与课堂的文字，听过我一些读书和教学心得后，鼓励我系统思考、整理成书。没有您的鼓励和指导，就不会有我写作此书的构想，成就此书的可能。

我也必须感谢广州大学附属中学的学校领导，特别是邓云洲校长、欧卫国书记和王守亮副校长。正是有学校领导对教师成长的关心和鞭策，对教师教育探索的提倡和支持，我才可以海阔天空地广泛阅读，放开手脚进行课堂探索。我也要感谢英语科组的老师和其他的同事们，尤其要感谢曾经在一个备课组奋战的老师们，与你们共事时时给我思考和启迪。

最后，我想感谢一直支持我工作的家人，是你们的宽容，使我得以静心阅读，深耕课堂。

我对英语课堂美学的实践探索还有不足之处，理论思考还有更深幽之处需去钻研。对于本书中的错漏之处，诚请各位专家与同行批评指正。

陈晓云

2018年3月